行政事业单位预算与绩效管理研究

陈海儿◎著

线装书局

图书在版编目（CIP）数据

行政事业单位预算与绩效管理研究/陈海儿著. --北京：线装书局，2023.9
ISBN 978-7-5120-5686-2

Ⅰ.①行… Ⅱ.①陈… Ⅲ.①行政事业单位－预算管理－研究－中国 Ⅳ.①F812.3

中国国家版本馆CIP数据核字(2023)第172066号

行政事业单位预算与绩效管理研究
XINGZHENG SHIYE DANWEI YUSUAN YU JIXIAO GUANLI YANJIU

作　　者：	陈海儿
责任编辑：	林　菲
出版发行：	线装书局
地　　址：	北京市丰台区方庄日月天地大厦B座17层（100078）
电　　话：	010-58077126（发行部）010-58076938（总编室）
网　　址：	www.zgxzsj.com
经　　销：	新华书店
印　　制：	北京四海锦诚印刷技术有限公司
开　　本：	787mm×1092mm　1/16
印　　张：	11.5
字　　数：	219千字
版　　次：	2024年4月第1版第1次印刷
定　　价：	88.00元

线装书局官方微信

前 言

近几年，我国市场经济取得了长足的发展，当前已由高速增长阶段转向高质量发展阶段。在转变发展方式、优化经济结构、转换增长动力的攻关期间，行政事业单位面临着巨大的压力和挑战。如何建立全面规范透明、标准科学、约束有力的预算制度，改进和优化预算绩效管理，是行政事业单位当前最重要的工作。行政事业单位预算绩效管理在实践中存在着一些困难，只有通过对其进行全面评价，注重结果导向、强调成本效益、硬化责任约束才可以提高行政事业单位预算绩效管理的有效性。因此，单位各有关部门在实施中要注意提高预算绩效管理工作的质量。

本书是行政事业单位预算与绩效管理方向的著作。首先本书对行政事业单位预算与预算绩效管理进行了分析研究，涵盖了行政事业单位预算管理概述、行政事业单位预算编制的原理及过程；其次对行政事业单位预算收入、支出、采购、资产与报告决算管理做了一定介绍；最后剖析了行政事业单位预算绩效、行政事业单位绩效考核的原理、行政事业单位绩效考核管理的对策与创新等内容。本书论述严谨，结构合理，条理清晰，内容丰富，能够为相关从业人员提供一定的理论支持，对行政事业单位预算与绩效管理研究有一定的借鉴意义。

本书在编写过程中学习和借鉴了国内外同行们的理论与实践的相关研究成果，采用通俗易懂的形式，既注重实用性、时效性，又注重系统性、理论性，内容生动活泼，形式多样新颖，可操作性强。编写过程中还参阅了大量相关图书和网络资料，在书中无法逐一列出，在此一并表示衷心的感谢。由于编者水平有限，书中难免存在不足之处，恳请专家和读者给予批评指正。

目 录

第一章 行政事业单位预算与预算绩效管理 ········· 1

第一节 行政事业单位预算管理概述 ········· 1

第二节 行政事业单位预算编制的原理及过程 ········· 10

第二章 行政事业单位预算收入与支出管理 ········· 18

第一节 预算收入 ········· 18

第二节 预算支出 ········· 33

第三章 行政事业单位采购、资产与报告决算管理 ········· 50

第一节 采购管理 ········· 50

第二节 资产管理 ········· 68

第三节 决算报告管理 ········· 97

第四章 行政事业单位预算绩效 ········· 104

第一节 预算绩效管理概述 ········· 104

第二节 行政事业单位预算绩效管理 ········· 120

第五章 行政事业单位绩效考核的原理 ········· 134

第一节 绩效考核与行政事业单位绩效考核 ········· 134

第二节 行政事业单位绩效考核的基本原理 ········· 142

第六章 行政事业单位绩效考核管理的对策与创新 ………………… 151

 第一节 行政事业单位绩效考核管理的对策 ………………………… 151

 第二节 行政事业单位绩效考核管理创新之路 ……………………… 157

参考文献 ………………………………………………………………… 174

第一章 行政事业单位预算与预算绩效管理

第一节 行政事业单位预算管理概述

行政事业单位属于公共管理和公共服务部门，对社会经济稳定发展具有重要作用。行政事业单位要想更好地履行工作职责，必须做好预算管理工作。预算管理不仅关系到行政事业单位的正常运转，还影响了资源配置效率。目前，许多行政事业单位在预算管理工作过程中仍然存在一些问题，需要认真分析，不断提升预算管理水平。

一、行政事业单位预算管理的重要性

（一）提升行政事业单位的综合管理水平

预算管理是行政事业单位内部管理工作的重要组成部分，贯穿单位的所有业务活动。大多数行政事业单位是全额拨款预算单位，相关的人员经费、公用经费、项目业务经费需要提前编制预算，从而合理分配资金，顺利完成相关业务工作，同时也能提升综合管理水平，保障行政事业单位正常运转。

（二）优化资金结构，提高资源配置效率

行政事业单位的主要资金来源是财政拨款，通过加强预算管理，能够形成合理的资金结构，避免收支不平衡。年度预算是行政事业单位各项收支活动的重要依据，各单位应建立科学合理的预算管理制度，规范使用各类资金，提高财政资金的使用效率，实现效益最大化。

（三）增强风险防范能力

通过开展预算监督和预算考核，能够对行政事业单位的资金使用情况进行有效监督，规避各种风险问题，避免资金截留、挤占、挪用和虚列支出。

同时，不断完善财政资金管理流程，加强预算信息公开，接受社会监督，能使行政事业单位预算管理更加规范，增强风险防范能力。

（四）提升公共服务水平

行政事业单位的预算管理和内部控制紧密联系、相互促进。通过加强预算管理，能有效地规范各项业务工作流程，合理地使用财政资金，实现业财融合，提升行政事业单位的公共服务水平。

二、行政事业单位预算管理存在的问题

（一）预算管理意识不强，认识不全面

部分行政事业单位的管理层对预算管理工作不重视，没有及时转变思维观念，缺乏成本效益意识和风险管理意识，直接影响预算管理工作质量。由于管理层不重视预算管理工作，导致各部门工作人员的预算管理意识不强，工作积极性不高。各部门工作人员基本只进行业务经费的报销工作，很少参与其他的预算管理工作。很多工作人员认为预算管理是财务部门的工作，业务部门只需要配合就行。由于认识不全面，预算管理无法实现全员参与，影响了预算管理工作成效。

部分财务人员的业务能力和综合素质不高，工作态度不端正，导致出现预算编制不合理、预算执行不到位、预算监督不严格、预算考核不规范等问题，影响了预算管理的科学性和可行性。

（二）预算编制不合理，范围不全面

很多行政事业单位在预算编制时，为了争取更多的财政资金，往往采用传统的增量预算法，在上一年度预算数据的基础上进行简单调整，就上报各项预算数据。

行政事业单位既没有积极运用零基预算法，也没有将预算管理与业务工作相结合，导致工作脱节，无法对各项收支进行全面核算。由于预算编制方法不合理，严重影响了预算数据的真实性。

一些行政事业单位的预算编制内容和范围不全面。以疾病防控部门为例，部门经费主要包括人员工资类支出、人员保险类支出、日常办公支出、项目业务支出。人员工资类支出、人员保险类支出和日常办公支出是根据职工人数和工资等级标准，统一进行预算编制；项目业务支出主要涉及相关业务工作的各项支出，主要用于疾病防控工作。有些行政事业单位在编制项目预算时，财务部门与业务部门没有进行及时沟通，只是简单地汇总常

规业务项目的数据，造成预算编制范围不全面。

（三）预算执行不到位

预算执行是整个预算管理工作的重点和核心，很多行政事业单位存在"重编制、轻执行"的情况，严重影响了预算管理工作质量。

部分行政事业单位收到财政部门下拨的预算资金，并没有按照资金的使用范围和用途来严格执行预算方案，预算执行力度不足，预算支出的随意性较大，造成预算编制与预算执行分离，甚至出现预算资金被挪用的现象。

在预算执行时没有合理地安排预算支出进度，导致预算执行进度过快或过慢。很多行政事业单位会把大量工作放在下半年或集中在年底开展，甚至出现资金需要结转到下一年的情况，导致预算目标不能按期完成，大大降低了资金使用效率。部分单位为了完成预算目标，存在突击花钱的现象，预算执行进度不合理，造成财政资金浪费，严重影响了预算执行效果。

（四）预算监督不严格，预算考核不规范

预算监督是保证预算管理工作顺利完成的重要环节，预算监督贯穿预算编制和预算执行的全过程。但在实际工作中，行政事业单位很难对预算编制、预算执行等工作流程进行全方位监督。

部分行政事业单位没有设置专门的预算监督部门，监督管理机制不健全，也未建立预算考核制度。部分单位虽然制定了预算考核制度，但是预算考核内容不够全面和细化，导致各部门之间的权责关系不清晰，没有将责任落实到个人，无法调动员工的工作积极性。

大多数单位采取事后考核机制，未结合单位的实际情况，完善事前、事中、事后的预算考核流程，导致预算考核与资金管理脱节，无法对各部门的预算执行情况进行监管，资金得不到规范使用，影响了预算执行进度。

（五）内部控制不完善

行政事业单位应该完善内部控制制度，为预算管理提供有力保障，提高资金使用效率。部分行政事业单位在预算管理过程中，由于内部控制制度不完善，工作人员对内部控制的认识不到位，导致内部管理混乱，预算管理工作落实不到位，影响了行政事业单位稳定发展。

三、行政事业单位预算管理的完善对策

（一）增强预算管理意识，提升工作人员的业务水平

行政事业单位的工作人员需要增强预算管理意识，确保预算管理工作顺利开展，提高对预算管理工作的重视程度，加强财务部门与业务部门的沟通，共同推进预算管理工作。应成立预算管理领导小组及工作小组，由财务人员、业务人员、管理人员等共同参与，根据单位实际情况编制详细的预算方案，督促相关部门积极参与预算管理工作。

第一，管理层需要加强对预算管理的全面认识。管理层应该充分认识到预算管理工作的重要性，避免预算管理工作流于形式，在单位内部形成良好的预算管理氛围。各部门的工作人员应该认识到，预算管理不只是财务部门的工作，而是所有部门的工作。

第二，加强对预算管理相关知识的学习，提升工作人员的业务水平。各部门需要对业务工作进行深入分析，了解项目实施情况，加强组织协调，督促各部门积极参与预算编制、预算执行，实现全员参与，使预算编制和预算执行更加精细化和规范化。

（二）合理进行预算编制

行政事业单位应该根据实际情况，改变传统的预算编制方法，采用零基预算法，全面核算各项业务的收入和支出，保证预算数据合理、真实、准确，提升预算编制水平。

行政事业单位进行预算编制工作时，应该结合工作需求，加强各部门的交流和沟通，统一支出标准，做到不重复、不遗漏，将预算编制与业务工作相结合，合理编制预算，降低预算编制的随意性。

（三）加强预算分析，提高预算执行率

预算执行是将财政资金进行合理分配。预算执行率能够比较直观地反映资金使用进度，同时，预算执行率也成为财务管理的一项重要的考核指标。在预算方案通过审批后，行政事业单位应该加大预算执行力度。只有提高预算执行率，才能保证财政资金高效使用。

第一，财政部门下达年初预算后，行政事业单位各部门应该根据职责和分工，及时编制资金使用计划并上报财务部门。财务部门对业务部门的资金使用计划进行汇总，编制全年的预算执行计划；按照业务工作完成进度，每月拨付资金。

第二，建立预算分析机制，定期召开预算管理工作会议，加强财务部门与业务部门之间的沟通和联系，对预算执行情况进行全面分析。对于工作过程中出现的问题，及时反馈并采取解决措施，从而提高预算执行率。

第三，对预算执行情况进行分析和总结。及时关注预算资金的使用进度，对于预算执行进度缓慢的资金，应该及时督促，使预算执行进度符合预算执行计划，防止预算执行偏离预算方案，避免财政资金闲置或浪费，降低各类风险。

（四）建立预算监督体系，加强预算考核

行政事业单位需要结合工作实际，不断完善预算监督体系，提高预算管理质量。

第一，在单位内部设置预算监督机构，对预算执行进度进行跟踪，确保预算资金合理地使用，防止资金挪用、改变资金用途等情况出现；同时，避免无预算支出、超预算支出等问题，有效地控制预算执行进度，防止预算执行偏离预算方案。

第二，引入第三方机构对预算管理工作进行监督，实现精细化管理。对预算管理过程中出现的偏差进行定性分析与定量分析。通过完善预算监督体系，对各部门的资金使用流程进行规范和约束，提高资金使用效率。

第三，健全预算考核体系。对预算管理工作进行事前、事中、事后的全方位监督，对预算项目的真实性和合规性进行审核。行政事业单位应该结合工作规划，及时收集各部门的意见，根据实际业务和项目特点设置合理的预算考核指标，将预算管理责任落实到各部门和各岗位，防止预算执行出现偏差。将预算执行情况和部门绩效相结合，对预算执行情况进行全面评估，促进预算管理工作顺利开展。

第四，完善信息公开制度，按时、按标准地进行信息公开工作，方便社会公众了解财政资金的使用情况。各单位应该及时收集反馈信息，接受社会公众监督，加大预算监督力度。

（五）加强内部控制

第一，预算编制方面。加强内部沟通，促使各部门积极参与预算编制工作。由各部门负责人和业务骨干组成预算编制小组，明确工作职责，选择合理的预算编制方法，根据各部门的业务工作需求，准确地编制部门预算，为预算管理工作落实提供有力保障。

第二，预算执行方面。建立完善的资金支出标准，通过完善内部控制制度来严格管理预算支出，按照规定的用途使用资金。

第三，预算考核方面。建立相应的预算考核机制，将预算管理工作纳入部门和员工的业绩考核范围。对于预算执行偏差较大的部门和员工进行处罚；对于严格落实预算管理工作的部门和员工，在年终考核时进行奖励。

四、行政事业单位预算管理一体化建设路径

(一) 预算管理一体化的内涵

预算管理一体化是理念和制度的同步革新，它主张通过制度的建立来规范人的行为、在优化工作流程的同时加强信息化建设，这是新时代发展背景下"制度+技术"预算管理机制的核心，能够促进预算管理由原来单一部门单线控制转为多部门、多层次的实时监管，有利于保障国家资产安全、有效利用财政资金以及构建现代化治理体系。

(二) 行政事业单位预算管理一体化建设的意义

1. 加快建立现代财政制度

预算管理一体化以财政部门推进制定的各项规范性制度为基础，运用现代信息技术进行系统集成，能够推动预算制度改革措施落地见效。同时，行政事业单位开展预算管理一体化，有利于促进统筹制度改革和制度运行，运用系统化思维和信息化手段，建立健全高效的制度执行机制，从而不断深化财税体制改革。

2. 落实政府"过紧日子"要求

为平衡财政收支，落实政府"过紧日子"要求，提高财政资源配置效率和使用效益，行政事业单位需要积极推进预算管理一体化建设，全面统筹各类资源，更高效、更精准地对行政事业单位预算进行管理。

3. 深化预算改革

资产预算管理和预算管理一体化建设对行政事业单位管理而言是一种转型表现，能够使预算资金由既往的资金投入管理向着支出效果绩效管理转变，为预算改革提供保障，形成有效的预算管理体系。

(三) 行政事业单位预算管理一体化的具体体现

预算管理一体化并非狭义的预算管理，而是五个方面的"一体化"。第一，政府机关部门的预算管理一体化。行政事业单位是我国主要的行政部门和执法监督部门，各级部门从上到下实行预算管理一体化，可对财政、预算资金的调配和使用进行双向管控，以提高管理效率。第二，基层组织部门的预算管理一体化。作为基层单位，基层组织部门与人民有紧密的联系，包括科研院所、高等院校等事业单位，加强各事业单位之间的团结协作，有利于实现更加完善、更加有效的部门预算。第三，整体的预算管理一体化。国家严格监

督和管控预算的各个环节，包括预算的申请、预算的批复等，这些环节一环扣一环，能够对预算的整个流程进行动态监控和监管，以便及时发现问题，并对其进行科学评价。第四，项目从诞生到落成的管理一体化。项目是行政事业单位实施预算管理一体化的重要对象，确保管控的范围覆盖项目的整个生命周期，包括项目成立前的调研、执行，以及落成后的绩效评价。第五，预算数据的管理一体化。行政事业单位可利用先进的信息技术，建立预算管理一体化网络平台，促进预算数据在中央与地方、财政部门与其他部门之间的流通，充分发挥数据价值，切实执行预算管理。

（四）事业单位执行预算管理一体化存在的问题

1. 预算管理源头把控不合理

首先，科学的预算管理是保证预算目标得以实现的关键。目标决定行动，只有确立正确的目标，才能保证预算管理工作朝着正确的方向发展。然而，受各种条件的限制，目前个别行政事业单位所制定的预算编制目标存在一些不合理之处，这种不合理将直接影响单位预算管理的有效执行，对单位财务水平的提升产生一定的影响。不清晰、不明确的预算管理绩效目标，也会使单位当前的绩效考核结果受到影响。

其次，在项目调研阶段，各部门虽然对各个项目进行了严格的考核和分析，但子项目分类模糊的情况在实际立项过程中仍然存在，对单位会计工作的开展产生了一定的影响。另外，个别项目的设立实际上是为了达到"资金跟着项目走"的目的。由于缺乏充足的社会调研和科学的规划，项目之间会发生重叠，进而引发资源浪费的问题，增加预算编制工作的难度。

2. 归口管理不足，缺乏有效的动态监控

首先，虽然我国正在积极推进预算管理一体化的实施，但至今还没有建立起规范完善的制度，预算管理一体化的执行力度不足。其次，利用先进的信息技术构建预算管理一体化平台，可以大幅减少出纳的工作量并降低工作强度，让各部门自己去完成本部门的预算编制，但是如果不能高效合理地利用信息化平台，加上基层工作人员流动性大，就会影响各项工作以及工作中各个环节的有效衔接，出现问题也无法及时准确地追踪到责任人。

另外，在行政事业单位预算管理的具体执行中，部分职能相近的部门在竞争性领域会有重复项目，一些基础性的职能部门可能会出现项目编制预算低效，或者会出现人头经费挤占公用经费、公用经费挤占项目经费的现象。

3. 关联管理机制有待深化

首先，预算管理一体化强调部门的协作性，如果每个部门都能够明确分工，统一步

调，加强不同业务和业务之间各个环节的相互联系和有效衔接，则有助于事业单位实现预算管理的一体化。但在实际的执行过程中，尚缺乏统一的考核指标和完善的管理机制，部分业务部门和财务部门没有进行深入沟通，未主动分享部门的相关信息和情况，联系的内容局限于收支费用方面。其次，不同业务部门之间也缺乏必要的联系，这会导致在同一项目的预算指标上存在差异，同一预算科目出现不同的明细划分，等等。再次，由于行政事业单位在采购或者处置管理资产时受上级部门的控制，无法达到其他社会性单位的灵活性，存在多部门介入或者工作周期较长的问题，如果部门之间不能持续沟通及有效协调，工作流程就会变得更加复杂。

（五）行政事业单位强化预算管理一体化建设的措施

1. 从源头把控，做好预算管理

一方面，实现对预算源头的有效控制，制定科学的预算目标。行政事业单位的项目大多是公益性、社会性的项目，在费用支出上不同于普通企业，其所覆盖的领域更加广泛，涉及的部门更多，支出的费用也会更高，且项目本身与社会民生存在紧密的联系，而预算管理绩效目标考核的结果，将会直接影响预算管理的最终效果。这就意味着单位需要制定科学的预算目标，在项目开展之前进行充分的市场调研和严格的绩效考核，去除一些效能低下的项目，从源头上对其进行管理。

另一方面，建立起统一的规则制度，加大预算管理力度，不局限于"本土化"的建设，而是要将预算管理的系统与当前的预算计划、报告、编制、政府采购活动等进行结合，以达到全面预算管理的目的。不仅如此，还要对从事预算管理工作的人员进行教育与培训，提高他们对预算管理的认知，在科学化的管理基础上，提高预算管理的质量。

2. 规范预算管理流程，加强动态监控管理

首先，《预算管理一体化规范（试行）》是执行预算管理一体化的理论基础和行动指南，行政事业单位要想切实执行预算管理一体化，就要对其进行仔细研读、深入分析，熟悉相关规则和具体流程，加快建设预算管理一体化平台，并加强对平台的维护。同时，要依据费用支出的要求和规范，加强对预算管理相关工作人员的培训，优化预算管理流程。其次，传统的预算管理方式，即事前管理、事后问责，不能满足预算管理一体化的高标准和高要求，因此，行政事业单位要加强预算执行的动态监控和多层次监督，并将管理的范围扩展至项目的整个生命周期，及时追踪和反馈，围绕预算管理目标开展行动，以取得良好的管理效果，提高预算管理的科学性和系统性，强化绩效考核的导向性。单位要以预算管理目标为中心，在不违反管理制度的基础上调整实际支出，并不断改进预算执行过程。

此外，行政事业单位需要建立预算管理监督机制，不管是对财政支出，还是非财政支出，都要进行实时监控和监督，以便及时把控预算执行和管理的情况，准确反映资金调拨分配使用的情况，充分发挥出其宏观调控的作用，为政策的调整和规划提供参考。

3. 深入推进考核管理体系建设，强化管理监督

首先，绩效考核与绩效评价是预算管理一体化的重要环节，事业单位要建立健全预算考核体系，强化对相关人员的约束和激励，促使其科学有效地执行相关预算内容，以达到理想的执行效果。其次，单位要针对预算执行中经常出现问题的关键环节建立预警管理机制，如果预算执行触发了预警机制，就要及时进行监管，并反馈给上级部门。

实时监督预算的执行情况也是预算管理的一部分，行政事业单位应将预算执行情况及时报送同级财政部门，为预算管理制度的改进和完善提供理论基础，并准确反馈预算执行情况，为下一步的政策导向提供参考。此外，还应积极利用现代化手段，形成上下联动的可追踪、可回溯的纠察体系，对预算管理流程进行监督，以提升预算资金的使用效率。

4. 加强信息化建设，推动全方位多主体联动管理

在推进和执行预算管理一体化的过程中，会运用到很多先进的信息技术，数据云就是其中一种。其不仅能够推进预算管理一体化的进程，还可以促进预算管理的公开化，加强财务部门的信息化建设，方便不同级别、不同部门之间的交流与协作，提高各方的关联性。因此，强化预算管理一体化的过程中应加强信息化建设，致力于全方位多层次预算管理体系的构建，并在此基础上不断提高管理制度的系统性和协作性。

行政事业单位要做到上下协同，内外协作。其中，上下协同指的是通过全面云化架构，强化上下级管理之间的联系，环环相扣，建立集存储、服务器和数据库于一体的云平台，简化上下级审批手续和流程，使上下核心业务处理更加集中。而预算管理一体化的云平台构建和发展，需要所有部门积极参与，将预算管理与绩效考核挂钩，使预算管理流程覆盖整个单位，建设信息化云平台，采用"制度+技术"的运行管理模式。内外协作指的是不同部门之间的协调合作。具体而言，事业单位内部应针对不同部门设定清晰的职责范畴，不断建立和优化每个部门的组织管理制度，使预算管理流程随着单位的发展而不断完善，积极推动预算管理一体化进程。另外，预算管理一体化应建立在统一预算管理体系的基础之上，设定明确的规范和标准，针对目前存在的预算管理问题制订有效的预算管理改革方案。

第二节　行政事业单位预算编制的原理及过程

行政事业单位的预算编制能够保证资金的正常运转，并且对资金进行合理分配，从而提升资金的使用效率；通过提升资金使用效率，完善各项基础设施，从而提升我国居民的生活质量。然而，部分行政事业单位在预算编制的执行过程中存在很多的问题，导致预算编制无法充分发挥作用，公共服务资金并不能有效利用，影响公共服务水平提升。

一、行政事业单位预算编制

（一）特点

第一，全面性。行政事业单位所开展的预算编制工作是需要全面覆盖至单位内各个部门以及部门工作人员。为了能够充分发挥行政事业单位的预算编制实际作用，需要借助规范化的条例进行人员约束，让各个部门工作人员能够重视预算编制工作，同时也能调动工作人员预算编制工作参与积极性，最终确保预算编制的全面性。

第二，协调性。行政事业单位预算编制开展期间，不仅需要考虑单位的实际发展需求，同时需要加强各个部门的相互配合程度，为此在实际工作开展期间各个部门工作人员需树立正确的预算管理观念意识，加强各个部门的协调配合程度，继而全面提升行政事业单位的预算编制业务水平。

（二）价值

第一，有效降低行政事业单位本身的运行成本。行政事业单位作为公益性社会服务机构的重要构成，需要确保公共资产的安全性，减少单位内资源浪费情况的出现。借助完善的预算管理体系来提升事业单位的财政资金配置效率，可让事业单位以最少的资金达成预期目标任务，继而达到行政事业单位的社会价值目标。

第二，强化行政事业单位资金风险防范水平。行政事业单位所构成的全流程预算管理机制，可加强对于行政事业单位各个基层部门资金使用的控制水平，有效避免事业单位由于资金风险出现财产损失问题。预算编制工作的开展能够提升行政事业单位的资金风险防范能力水平，为事业单位财政资金管理水平的提升提供保障。

第三，提升行政事业单位的内控水平。行政事业单位预算编制工作的开展能够对事业单位的成本支出收入进行统一化管理，强化行政事业单位的整体内控水平，加强行政事业各个部门的联系紧密性，让事业单位的财务部门能够有效搜集基层部门的会计信息。同时通过提升行政事业单位的预算编制管理水平，可进一步优化事业单位的绩效考核机制，提升行政事业单位的内控管理有效性。

（三）行政事业单位预算编制的重要性

1. 有利于提高单位内部的管理水平

针对行政事业单位的预算管理工作，要主动构建符合其发展状况的科学的管理体系，这样可以使行政事业单位在制定其年度工作规划时更具针对性和科学性。这样既可以有效地控制单位的日常生产经营，又可以确保内部资金流动达到一个比较合理且高效的水平；既可以防范监督不力的问题，又可以防止违法行为的产生。行政事业单位预算编制流程的建立，对提升单位的内部管理具有重要意义。

2. 有利于推进政府部门的宏观调控

在实施预算管理的过程中，可以有效地发挥政府的监控和调控功能。这样既可以保证行政事业单位准确、高效地预算编制，又可以为政府进行宏观控制工作打好基础和实现发展创造条件。通过这种方式，可以极大地提高财政资金支出效率，保证资金的支出和收益。

3. 有利于提高财政资金的利用效率

在行政事业单位的正常运作中，可以根据预算管理的编制条例来规范资金的运作。另外，预算的绩效考核与监控的具体内容，也可以根据相关的标准来对员工的日常工作进行有效的约束，从而达到预算的监管目的。这对于提升员工的工作能力和工作效率有着很大的帮助，也有助于行政事业单位有理有据地运用资金。这样既能保障资金正常运转，又能防止由于流程不规范和不完善而造成资金浪费和损失。从这一点上来说，强化行政事业单位的预算管理，确实可以极大地提高资金效益。

二、行政事业单位预算编制中存在的问题

（一）缺乏完善的预算管理制度

现阶段我国行政事业单位虽然不断优化内部组织机构，完善预算管理流程，合理化应用公众资源，但由于行政事业单位仍旧沿用传统预算管理模式，因而造成行政事业单位对于预算管理活动未能全面化掌握，导致单位内部常常会出现虚假提供费用预算风险。财政资金预算目标实现过程中，与确保预算管理部门本身的独立性以及专业性的管理要求相

比，行政事业单位组织机构设置并不科学，这对于单位人员的预算效率、预算监督水平会带来影响。此外由于行政事业单位缺乏完善的预算管理机制，未能细化成本费用预算制度，继而会导致事业单位出现随意更改资金用途等不规范行为。

（二）信息平台建设并不充足

现如今的行政事业单位信息平台建设存在不足之处，行政事业单位存在预算管理风险，会导致单位各个部门预算执行以及预算反馈期间出现信息沟通程度不足、事业单位预算管理人员无法准确把握预算执行风险等情况。加之行政事业单位内部缺乏行之有效的信息管理系统，导致单位内部财务人员无法及时、全面获取单位的相关信息，无法确保预算编制信息以及预算反馈信息本身的完整性与真实性。此外信息平台的缺失将会导致事业单位管理人员无法及时获取内外部环境信息，影响行政事业单位社会效益的有效提升。同时由于行政事业单位内部缺乏专业化的技术人员，继而无法全面提升行政事业单位的预算管理效果。

（三）预算管理意识较为薄弱

由于行政事业单位资金主要来自政府财政部门的财政拨款，因此行政事业单位管理人员缺乏对财务预算管理的关注，加之受到传统化的管理理念的影响，导致事业单位预算编制工作开展的主要目的是为获得相应的预算结果。行政事业单位在进行预算编制过程中，部分领导者由于不重视自身的财务预算管理工作，导致基层工作人员缺乏对财务预算管理活动的正确性认知，认为财务预算管理仅是财务部门的工作内容，其他部门未能积极参与财务预算管理工作，因此无法保障预算编制数据信息的准确性以及真实性。伴随国家经济的进一步发展，对于行政事业单位财务预算管理水平提出了更高的要求，由于忽视了预算执行过程重要性，所提供的预算编制数据信息并不全面，最终导致财务预算管理工作逐步趋于形式化发展。此外，行政事业单位在开展预算编制工作时，受到行政事业单位工作人员个人能力的制约，导致单位工作人员无法全面掌握单位的整体工作内容，在进行资金预算编制期间缺乏相应的研究分析水平；同时由于行政事业单位未能合理地计划与安排经费支出，工作人员无法充分利用自身的专业能力对资金的支出计划进行合理性规划，导致行政事业单位的资金使用效率无法得到提升，行政事业单位的预算编制工作无法达到预期效果。

三、提升行政事业单位预算编制的相关对策

（一）健全预算编制管理体系

行政事业单位经费来源单一，因此，各相关事业单位应整合财力，科学有效地制定出

发展策略；在此基础上，应进一步健全预算编制管理体系，规范业绩评估指标，为下一年的预算管理制定一个合理的预算，以确保支出绩效评价的科学性。在行政事业单位中，各层级的管理人员要认真地审视项目，全面掌握每一项目的特征，以便制定出与之相适应的业绩评估准则，提高资金利用率，节约资金，最大限度地发挥预算编制的作用。

行政事业单位还要通过构建良好的监管机制来对资金的运用进行监控，从而对公共服务项目的发展和支出绩效做出比较科学的评估。对资金的运用进行科学地评估，可以有效地对全年资金的管理情况进行控制，并对未来一年做出科学的预测。要改善预算编制的管理机制，强化对资金的控制，以确保资金的使用不超出预算的限制，并保障有关单位的正常运作。

（二）开展精细化的预算编制

首先，行政事业单位要对预算编制工作予以高度关注，以增强其可操作性和透明度。而财务部门是预算编制工作的主导力量，必须统筹各类财务资源，对财务收支进行调控，并对其进行合理的调节，将预算内外的资金集中起来科学地配置，强化对总量的预算管理。在制定预算计划时，应将各个方面的影响因子结合起来，改进传统预算编制的计算方式，以满足行政事业单位的要求，避免"一刀切"的做法，以提高财政经费支出预算的准确性，确保预算编制方案的可操作性。同时，行政事业单位也要对预算编制的各项指标进行优化，提高预算的弹性和刚性。

（三）提高工作人员的专业能力与素质

为保证行政事业单位预算编制工作的顺利开展，必须要组建一支出色的管理队伍。所以，有关工作人员必须树立起正确的理念，充分认识预算编制的重要性。此外，也可以定期组织财务管理预算编制工作的训练，使员工了解对资金规划及预算编制方面的专业知识。同时，对编制程序进行严格地规范，确保其高效地开展工作，这样可以更好地服务于单位内部的运行管理。

（四）开展预算编制评价

行政事业单位资金的管理层并非利用部门，并且有的行政事业单位仅关注业务而忽略了对财务的预算编制，也没有对其开展预算与控制，有的甚至仅仅将其视为服务性工作，没有一个科学的依据和衡量指标来评估专项资金的支出绩效运行状况，导致了财务与管理的脱节。由于上级单位对财务工作中存在的问题不够关注，缺少预算编制的相关意识，所以，强化对预算的控制就成为资金管理部门的一个主要任务，只有把重点放在预算上，才可以对其进行合理的评价。

在实际预算中，存在着许多不确因素，柔性预算管理能够有效地解决此等问题。而柔性管理就是在预算编制的流程中增加弹性，根据预先设置的条件来设置不同的预算指标。滚动预算是柔性预算的一种，就是在制定滚动预算编制的过程当中，将会计年度与预算期分离，随着预算编制的逐渐实施，按照现实需要进行滚动预算，对目标值和行动方案进行持续的修正，对追加预算进行持续的扩展，逐期按季向后滚动，使得日常的管理更加有效。

（五）全面提升信息化建设水平

加强行政事业单位的数据平台建设水平，可加强行政事业单位财务数据信息的收集水平，同时根据事业单位实际情况以及发展需求建设信息平台，加强对各个部门预算执行信息的监督控制水平。行政事业单位需要加强计算机软硬件的建设工作，推动事业单位预算管理流程的软件化发展进程，全面提升行政事业单位的财务活动管控水平。对于行政事业单位管理者而言，需要积极引进大数据、云计算等信息技术，进一步提升各个部门的整体信息传递效率，强化行政事业单位的会计信息质量，提升其预算风险控制管理水平。此外，行政事业单位在进行信息平台建设过程中，能够帮助预算管理者借助信息平台获得完善的财务信息，并借此强化行政事业单位的预算编制管理水平，加强对事业单位各项支出的控制水平，大大增加事业单位的财政资金风险抵抗能力水平，控制事业单位的各项成本支出水平，有效减少社会公众的意外损失水平。

四、行政事业单位预算编制执行问题与对策

（一）行政事业单位预算编制执行问题

1. 预算编制管理体系不完善

当前，部分行政事业单位的预算编制管理体系不够完善，这与很多因素有关。首先，一些单位的管理人员对预算编制工作并不重视，仅仅注重形式，这导致预算编制工作的作用没有充分发挥出来。其次，一些行政事业单位给预算编制预留的时间并不充分，使得这项工作完成得并不到位，从而无法合理地利用资金。

另外，部分行政事业单位资金来源的渠道较少，单位并没有很多的资金，如果不对资金进行合理的利用，将会对行政事业单位的正常运行产生一定的影响。预算编制管理体系不完善导致相关单位不能对下个年度的资金进行合理预算，致使绩效评价工作的成效不高，对资金的掌控力度较弱，甚至存在一些违规现象，对相关单位的运行产生了一定的阻碍。

2. 执行力度弱

对于行政事业单位来说，加大预算编制的执行力度能够对资金进行合理的分配，提升资金的利用率。然而，部分行政事业单位的预算编制的执行力度较弱，资金无法得到合理的分配，从而导致资金的管理水平较低。另外，一些行政事业单位的财务管理人员水平较低，并不具备专业的综合素养，因此预算工作并没有经过严格的科学论证，无法给出较为准确的数据，对资金投入使用无法进行有效掌控，从而导致预算编制工作无法有效执行。预算编制的执行缺乏一定的规范，一些行政事业单位对资金的支出使用情况没有经过严格的审核，也没有建立较为完善的绩效评价体系，从而对下一个年度的预算编制产生较为严重的影响。因此，相关人员应该对预算编制的执行重视起来，加强其执行力度，从而保证预算编制工作的正常进行。

3. 监督力度弱

行政事业单位在预算编制工作的执行过程中存在较多的问题，其中一个较为严重的问题是监督力度较弱。首先，对资金的支出使用情况，并没有实行专人监督，并且没有将其职能划分清楚，由此可能会出现违规现象。其次，在预算编制的工作过程中，也没有对其进行有效的监督，无法规范预算编制工作的流程，可能会存在一些不合理的操作流程，从而对预算的结果产生一定的影响，并不能直观反映行政事业单位的资金使用状况。监督力度较弱会使得相关单位在进行专项资金的申请时产生很多的问题，不能有效申请到资金；也会使自身的管理制度存在很多的弊端，无法发挥出财务预算决策和控制的作用。因此，相关单位应该加强对预算编制执行的监督力度，规范其操作流程，确保预算编制能够发挥出真正的作用。

4. 预算管理方式不合理

当前，部分行政事业单位所采用的预算管理方式并不合理，预算结果与实际的支出情况存在较大的误差，致使预算管理工作并不能有效进行。另外，一些单位的预算管理方式仍然采用传统的方式，并不满足当前发展的需求，还有可能会出现预算超标的情况。还有，当前的预算考评制度也存在一定的问题，部分单位的预算管理人员并不了解预算管理的实际内容，从而无法保证预算管理工作正常进行，使得相关单位的财务风险增加，预算管理的质量和水平下降，对单位的正常发展产生很大的影响。

（二）行政事业单位预算编制与执行的优化措施

1. 完善预算编制管理体系

行政事业单位的资金来源渠道较少，相对来说资金的获取较为困难，因此，相关事业单位应该将财力集中起来,对自身的发展进行合理规划,明确目标。在这个前提下完善预算编制管理体系,规范绩效支出评价标准,对下个年度的预算管理进行合理的预算,保证支出绩效评价的合理性。行政事业单位中的各级主管,应该对项目进行严格考察,充分了解各个项目的特点,从而制定出符合该项目的绩效评价标准,提升资金使用率,节省资金,充分发挥出预算编制的作用。

行政事业单位还应该建立有效的监管体系,对资金使用情况进行监督,对开展公共服务项目的目标和支出绩效做出较为合理的评价。对资金的使用进行评价是一件较为重要的事情,通过合理评价,可以加强对本年度的资金管理的控制以及对下个年度的合理预测。通过完善预算编制管理体系,可加强对资金的控制力度,确保资金的使用不会超过预算的范围,保证相关单位的正常运转。

2. 加强预算编制的执行力度

当前,部分行政事业单位对预算编制的执行力度较弱,没有将其有效落实到实际工作中去。部分行政事业单位对预算编制工作不重视,甚至将财务管理工作简单当作服务性的工作,一方面没有加强预算编制的执行力度,另一方面也没有分离财务和业务管理,造成预算编制成效较低,相关行政事业单位对资金的使用效率也较低,容易给单位的发展造成一定阻碍。因此,相关单位必须加大预算编制的执行力度,并借此充分发挥出预算编制的作用,从而加强行政事业单位对资金的掌控力度。

首先,相关人员应该对预算编制引起重视,在预算方案制定之后,应立即将其落实到实际的工作中去,避免走形式,避免给单位带来损失。其次,在预算编制的方案制定之后,行政事业单位应该派遣专人对其进行监督,以掌握预算编制的执行情况,确保预算编制切实落实到相关工作中。另外,对于预算编制的执行情况,应当有专人进行负责,相关单位应该完善这一方面的责任制度,如果执行情况不佳,应该追究相关负责人的责任,避免出现互相推诿的情况。通过这样的方式,可以有效加大预算编制的执行力度,保证行政事业单位的资金得到更加合理的分配。

3. 加强控制和支出监督

当前,部分行政事业单位对预算编制的控制和支出监督的力度不够,致使资金的利用率并不高,甚至可能会出现违规的情况,对行政事业单位的正常运行造成了一定阻碍。因此,在预算编制方面,相关人员应该对其重视起来,并且加强控制以及支出监督的力度,对支出资金进行合理分配。在进行预算编制的执行过程中,仅仅有思想上的认知是不够的,还需要建立合理的管理制度,加强对专项资金使用申请的预算编制的监督,以及加强对支出绩效评价的监督,保证支出绩效评价具备公平公开性,能够有效反映出相关行政事业单位的资金使用情况，从而保证单位的正常运行。

另外，相关管理人员还应该对财务管理制度进行完善，以加强对资金的控制力度，提升资金的使用率，充分发挥出财务管理部门的作用，做好财务决策以及控制工作。要对资金的支出情况制定合理的使用方案，以及加强对其支出的管控力度，相关人员还需要充分了解公共服务项目的申请条件，并且根据项目的具体情况来对资金进行合理分配，从而对预算编制的结构进行改善。行政事业单位的人员应该对自己部门的资金管理情况进行监督，还需要对预算编制以及支出绩效评价重视起来，提升相关工作人员的工作效率，加强对资金的使用监管。

4. 采用科学的预算管理方式

预算编制主要是依据预测、决策信息，然而在实际开展这项工作时，往往会遇到较多的问题。在这种情况下，必须采用较为科学的预算管理方式，确保预算编制能够顺利执行。行政事业单位应该注意避免继续使用传统的预算管理方式，因为传统的方式往往无法满足当前发展的需求，无法得出较为精确的结果。

在进行预算时，行政事业单位应该借助信息技术等，首先要保证预算结果的精确性。在对各个部门的经费进行预算时，也可以采用零基预算法，确保在进行预算时方法的科学性，并且还应该有专人对预算的过程进行监督，保证预算流程符合规范程序。通过采用科学的预算管理方式，缩小预算中所存在的误差，相关单位应结合内部的实际情况，选择出较为科学合理的预算管理方式。在进行预算管理时，一定要将计算机技术合理运用起来，一方面能够提升运算效率，另一方面能够减小误差。通过这样的方式，行政事业单位中的资金支出可以得到有效的分配与利用。

行政事业单位的预算编制可确保资金运作的顺利进行，并对资金进行适当的配置，提高了资金的利用率，进而完善各个基础设施，提升了人们的生活质量。然而，有些行政事业单位在开展预算编制时存在的一些问题，导致预算编制没有发挥出预期作用，公共服务资金得不到合理应用，严重影响了公共服务水平的提高。本文针对上述问题提出了持续加强预算编制改进措施，以期提高行政事业单位的管理水平，更好地发挥社会服务功能。

第二章
行政事业单位预算收入与支出管理

第一节 预算收入

行政事业单位的收入是指报告期内导致行政事业单位净资产增加的、含有服务潜力或者经济利益的经济资源的流入，包括财政拨款收入、事业收入、上级补助收入、附属单位上缴收入、经营收入、租金收入、非同级财政拨款收入、投资收益、利息收入、捐赠收入和其他收入等。

行政事业单位的预算收入是指行政事业单位在履行职责或开展业务活动中依法取得的纳入部门预算管理的资金。根据不同的来源渠道和资金性质，行政事业单位的预算收入划分为财政拨款预算收入、事业预算收入、附属单位上缴预算收入、上级补助预算收入、债务预算收入、经营预算收入、投资预算收益、非同级财政拨款预算收入、其他预算收入等。预算会计中核算的收入科目应当按照行政事业单位预算管理的要求进行明细核算，而财务会计中核算的收入科目不需要按照预算管理的要求设置明细科目。

一、行政事业单位的收入

在行政事业单位中，收入和预算收入虽然存在一定的联系，但是二者的区别也非常明显。收入属于财务会计要素，预算收入属于预算会计要素。行政事业单位的收入主要包括以下内容。

（一）财政拨款收入

财政拨款收入是指行政事业单位从同级政府财政部门取得的各类财政拨款。行政事业单位应当设置"财政拨款收入"总账科目，核算行政事业单位从同级政府财政部门取得的各类财政拨款业务。同级政府财政部门预拨的下期预算款和没有纳入预算的暂付款项，以及采用实拨资金方式通过本单位转拨给下属单位的财政拨款，通过"其他应付款"科目核算，不通过本科目核算。本科目可按照一般公共预算财政拨款、政府性基金预算财政拨款等拨款种类进行明细核算。期末结账转入本期盈余后，本科目应无余额。财政拨款收入的主要账务处理如下。

1. 财政直接支付方式下取得的财政拨款收入

在财政直接支付方式下，根据收到的"财政直接支付入账通知书"及相关原始凭证，按照通知书中的直接支付入账金额，借记"库存物品""固定资产""业务活动费用""单位管理费用""应付职工薪酬"等科目，贷记本科目。年末，根据本年度财政直接支付预算指标数与当年财政直接支付实际支付数的差额，借记"财政应返还额度—财政直接支付"科目，贷记本科目。

2. 财政授权支付方式下取得的财政拨款收入

在财政授权支付方式下，根据收到的"财政授权支付额度到账通知书"，按照通知书中的授权支付额度，借记"零余额账户用款额度"科目，贷记本科目。年末，本年度财政授权支付预算指标数大于零余额账户用款额度下达数的，根据未下达的用款额度，借记"财政应返还额度—财政授权支付"科目，贷记本科目。

3. 通过财政实拨款资金方式取得的财政拨款收入

按照实际收到的金额，借记"银行存款"等科目，贷记本科目。

例：某事业单位尚未纳入财政国库单—账户制度改革。本月接银行通知，收到同级财政机关通过银行拨来的本月基本预算经费80000元。应编制的会计分录为：

借：银行存款 80000

贷：财政拨款收入 80000

借：资金结存—货币资金 80000

贷：财政拨款预算收入 80000

因差错更正或购货退回等发生国库直接支付款项退回的，属于以前年度支付的款项，按照退回金额，借记"财政应返还额度—财政直接支付"科目，贷记"以前年度盈余调整""库存物品"等科目；属于本年度支付的款项，按照退回金额，借记本科目，贷记"业务活动费用""库存物品"等科目。期末，将本科目本期发生额转入本期盈余，借记本科目，贷记"本期盈余"科目。

例：年终，某事业单位将"财政拨款收入"科目贷方余额1400000元全数结转。该事业单位应编制如下会计分录：

借：财政拨款收入 1400000

贷：本期盈余 1400000

（二）事业收入

事业收入是指事业单位开展专业业务活动及其辅助活动实现的收入，不包括从同级政府财政部门取得的各类财政拨款。事业单位应当设置"事业收入"总账科目核算事业单位开展专业业务活动及其辅助活动实现的收入业务，由于不同行业的事业单位开展的专业业务活动及其辅助活动存在差异，所以，不同行业事业单位事业收入的种类也存在差异。本科目应当按照事业收入的类别、来源等进行明细核算。对于因开展科研及其辅助活动从非同级政府财政部门取得的经费拨款，应当在本科目下单设"非同级财政拨款"明细科目进行核算。期末结账转入本期盈余后，本科目无余额。事业收入的主要账务处理如下。

1. 采用财政专户返还方式管理的事业收入

（1）实现应上缴财政专户的事业收入时，按照实际收到或应收的金额，借记"银行存款""应收账款"等科目，贷记"应缴财政款"科目。

（2）向财政专户上缴款项时，按照实际上缴的款项金额，借记"应缴财政款"科目，贷记"银行存款"等科目。

（3）收到从财政专户返还的事业收入时，按照实际收到的返还金额，借记"银行存款"等科目，贷记本科目。

2. 采用预收款方式确认的事业收入

（1）实际收到预收款项时，按照收到的款项金额，借记"银行存款"等科目，贷记"预收账款"科目。

（2）以合同完成进度确认事业收入时，按照基于合同完成进度计算的金额，借记"预收账款"科目，贷记本科目。

3. 采用应收款方式确认的事业收入

（1）根据合同完成进度计算本期应收的款项，借记"应收账款"科目，贷记本科目。

（2）实际收到款项时，借记"银行存款"等科目，贷记"应收账款"科目。

4. 其他方式下确认的事业收入

按照实际收到的金额，借记"银行存款""库存现金"等科目，贷记本科目。

例：某城市规划设计院完成一项设计项目，取得收入22000元，款项存入银行。该事业单位应编制如下会计分录：

借：银行存款 22000

贷：事业收入 22000

借：资金结存—货币资金 22000

贷：事业预算收入 22000

(三) 上级补助收入与附属单位上缴收入

1. 上级补助收入

上级补助收入是指事业单位从主管部门和上级单位取得的非财政拨款收入。事业单位应当设置"上级补助收入"总账科目用于核算事业单位从主管部门和上级单位取得的非财政拨款收入业务。确认上级补助收入时，按照应收或实际收到的金额，借记"其他应收款""银行存款"等科目，贷记本科目。实际收到应收的上级补助款时，按照实际收到的金额，借记"银行存款"等科目，贷记"其他应收款"科目。本科目期末结转本期盈余后无余额。

2. 附属单位上缴收入

附属单位上缴收入是指事业单位取得的附属独立核算的企、事业单位按照有关规定上缴的收入。事业单位与其附属独立核算的事业单位通常存在行政隶属关系和预算管理关系；与其附属独立核算的企业通常存在投资上的资金联系，有权任免其管理人员职务、支持或否决其经营决策等。事业单位应当设置"附属单位上缴收入"总账科目，核算附属单位上缴收入业务。本科目应当按照附属单位、缴款项目等进行明细核算。确认附属单位上缴收入时，按照应收或收到的金额，借记"其他应收款""银行存款"等科目，贷记本科目。实际收到应收附属单位上缴款时，按照实际收到的金额，借记"银行存款"等科目，贷记"其他应收款"科目。期末，将本科目本期发生额转入本期盈余，借记本科目，贷记"本期盈余"科目。期末结转后，本科目应无余额。

例：某事业单位按相关规定确认一笔附属单位上缴收入 16 500 元，款项尚未收到。次月，该事业单位实际收到该笔附属单位上缴收入 16 500 元，款项已存入开户银行。

该事业单位应编制如下会计分录：

(1) 按相关规定确认附属单位上缴收入时。

借：其他应收款 16500

贷：附属单位上缴收入 16500

(2) 实际收到附属单位上缴收入时。

借：银行存款 16500

贷：其他应收款 16500

借：资金结存货币资金 16500

贷：附属单位上缴预算收入 16500

(四) 经营收入与租金收入

1. 经营收入

经营收入是指事业单位在专业业务活动及其辅助活动之外开展非独立核算经营活动取得的收入，主要包括销售商品的收入、经营服务收入、其他经营收入。事业单位应当设置"经营收入"总账科目核算事业单位经营收入业务。本科目应当按照经营活动类别、项目和收入来源等进行明细核算。经营收入应当在提供服务或发出存货，同时收讫价款或者取得索取价款的凭据时，按照实际收到或应收的金额予以确认。实现经营收入时，按照确定的收入金额，借记"银行存款""应收账款""应收票据"等科目，贷记本科目。期末，将本科目本期发生额转入本期盈余，借记本科目，贷记"本期盈余"科目。期末结转后，本科目应无余额。

例：某事业单位开展一项非独立核算的经营活动取得收入16000元，款项已存入开户银行。暂不考虑增值税业务。该事业单位应编制如下会计分录：

借：银行存款 16000

贷：经营收入 16000

借：资金结存——货币资金 16000

贷：经营预算收入 16000

2. 租金收入

租金收入是指行政事业单位经批准利用国有资产出租取得并按照规定纳入本单位预算管理的租金收入。行政事业单位应当设置"租金收入"总账科目核算行政事业单位租金收入业务。本科目应当按照出租国有资产类别和收入来源等进行明细核算。期末结转后，本科目应无余额。

国有资产出租收入，应当在租赁期内各个期间按照直线法进行确认。租金收入的主要账务处理如下。

(1) 采用预收租金方式的，预收租金时，按照收到的金额，借记"银行存款"等科目，贷记"预收账款"科目；分期确认租金收入时，按照各期租金金额，借记"预收账款"科目，贷记本科目。

(2) 采用后付租金方式的，每期确认租金收入时，按照各期租金金额，借记"应收账款"科目，贷记本科目；收到租金时，按照实际收到的金额，借记"银行存款"等科目，贷记"应收账款"科目。

(3) 采用分期收取租金方式的，每期收取租金时，按照租金金额，借记"银行存款"

等科目，贷记本科目。

（五）非同级财政拨款收入

非同级财政拨款收入是指行政事业单位从非同级政府财政部门取得的经费拨款，包括从同级政府其他部门取得的横向转拨财政款、从上级或下级政府财政部门取得的经费拨款等。

行政事业单位应当设置"非同级财政拨款收入"总账科目核算非同级财政拨款业务。事业单位因开展科研及其辅助活动从非同级政府财政部门取得的经费拨款，应当通过"事业收入—非同级财政拨款"科目核算，不通过本科目核算。本科目应当按照本级横向转拨财政款和非本级财政拨款进行明细核算，并按照收入来源进行明细核算。确认非同级财政拨款收入时，按照应收或实际收到的金额，借记"其他应收款""银行存款"等科目，贷记本科目。期末结转本期盈余后，该科目应无余额。

例：某纳入省级政府财政部门预算范围的事业单位从当地市级政府财政部门获得一笔财政资金53000元，该笔财政资金属于当地市政府支持该事业单位发展的专项资金，款项已存入该事业单位的银行存款账户。该事业单位应编制如下会计分录：

借：银行存款 53000
 贷：非同级财政拨款收入 53000
借：资金结存—货币资金 53000
 贷：非同级财政拨款预算收入 53000

（六）投资收益与利息收入

1. 投资收益

投资收益是指事业单位股权投资和债券投资所实现的收益或发生的损失。事业单位应当设置"投资收益"总账科目核算事业单位投资收益业务。本科目应当按照投资的种类等进行明细核算。期末结转后，本科目应无余额。投资收益的主要账务处理如下。

（1）收到短期投资持有期间的利息，按照实际收到的金额，借记"银行存款"科目，贷记本科目。

（2）出售或到期收回短期债券本息，按照实际收到的金额，借记"银行存款"科目，按照出售或收回短期投资的成本，贷记"短期投资"科目，按照其差额，贷记或借记本科目。

（3）持有的分期付息、一次还本的长期债券投资，按期确认利息收入时，按照计算确定的应收未收利息，借记"应收利息"科目，贷记本科目；持有的到期一次还本付息的债券投资,按期确认利息收入时,按照计算确定的应收未收利息,借记"长期债券投资—应计利息"科目,贷记本科目。

(4)出售长期债券投资或到期收回长期债券投资本息时,按照实际收到的金额,借记"银行存款"等科目,按照债券初始投资成本和已计未收利息金额,贷记"长期债券投资—成本、应计利息"科目(到期一次还本付息债券)或"长期债券投资""应收利息"科目(分期付息债券),按照其差额,贷记或借记本科目。

(5)采用成本法核算的长期股权投资持有期间,被投资单位宣告分派现金股利或利润时,按照宣告分派的现金股利或利润中属于单位应享有的份额,借记"应收股利"科目,贷记本科目。采用权益法核算的长期股权投资持有期间,按照应享有或应分担的被投资单位实现的净损益的份额,借记或贷记"长期股权投资—损益调整"科目,贷记或借记本科目;被投资单位发生净亏损,但以后年度又实现净利润的,单位在其收益分享额弥补未确认的亏损分担额等后,恢复确认投资收益,借记"长期股权投资—损益调整"科目,贷记本科目。

(6)按照规定处置长期股权投资时,有关投资收益的账务处理参见"长期股权投资"科目。

(7)期末,将本科目本期发生额转入本期盈余,借记或贷记本科目,贷记或借记"本期盈余"科目。

例:某事业单位收到短期投资持有期间的利息 1500 元,款项已存入开户银行。该事业单位应编制如下会计分录:

借:银行存款 1500

贷:投资收益 1500

借:资金结存—货币资金 1500

贷:投资预算收益 1500

2. 利息收入

利息收入是指行政事业单位取得的银行存款利息收入。行政事业单位应当设置"利息收入"总账科目核算行政事业单位利息收入业务。取得银行存款利息时,按照实际收到的金额,借记"银行存款"科目,贷记本科目。期末,将本科目本期发生额转入本期盈余,借记本科目,贷记"本期盈余"科目。期末结转后,本科目应无余额。

(七)捐赠收入与其他收入

1. 捐赠收入

捐赠收入是指行政事业单位接受其他单位或者个人捐赠取得的收入。行政事业单位应当设置"捐赠收入"科目核算行政事业单位接受其他单位或者个人捐赠取得的收入业务。期末结转后，本科目应无余额。捐赠收入的主要账务处理如下。

（1）接受捐赠的货币资金，按照实际收到的金额，借记"银行存款""库存现金"等科目。贷记本科目。

（2）接受捐赠的存货、固定资产等非现金资产，按照确定的成本，借记"库存物品""固定资产"等科目，按照发生的相关税费、运输费等，贷记"银行存款"等科目，按照其差额，贷记本科目。

（3）接受捐赠的资产按照名义金额入账的，按照名义金额，借记"库存物品""固定资产"等科目，贷记本科目；同时，按照发生的相关税费、运输费等，借记"其他费用"科目，贷记"银行存款"等科目。

（4）期末，将本科目本期发生额转入本期盈余，借记本科目，贷记"本期盈余"科目。

例：某事业单位接受一笔货币资金80000元的捐赠，按捐赠约定规定用于专项业务活动，款项已存入开户银行。该事业单位应编制如下会计分录：

借：银行存款80000

贷：捐赠收入80000

借：资金结存—货币资金80000

贷：其他预算收入80000

2. 其他收入

其他收入是指行政事业单位取得的除财政拨款收入、事业收入、上级补助收入、附属单位上缴收入、经营收入、非同级财政拨款收入、投资收益、捐赠收入、利息收入、租金收入以外的各项收入。行政事业单位应当设置"其他收入"总账科目核算行政事业单位取得的其他收入业务。本科目应当按照其他收入的类别、来源等进行明细核算。期末结转后，本科目应无余额。其他收入的主要账务处理如下。

（1）现金盘盈收入。每日现金账款核对中发现的现金溢余，属于无法查明原因的部分，报经批准后，借记"待处理财产损溢"科目，贷记本科目。

（2）科技成果转化收入。单位科技成果转化所取得的收入，按照规定留归本单位的，按照所取得的收入扣除相关费用之后的净收益，借记"银行存款"等科目，贷记本科目。

（3）收回已核销的其他应收款。行政单位已核销的其他应收款在以后期间收回的，按照实际收回的金额，借记"银行存款"等科目，贷记本科目。

（4）无法偿付的应付及预收款项。无法偿付或债权人豁免偿还的应付账款、预收账款、其他应付款及长期应付款，借记"应付账款""预收账款""其他应付款""长期应付款"等科目，贷记本科目。

（5）置换换出资产评估增值。资产置换过程中，换出资产评估增值的，按照评估价值高于资产账面价值或账面余额的金额，借记有关科目，贷记本科目，具体账务处理参见"库存物品"等科目。以未入账的无形资产取得的长期股权投资，按照评估价值加相关税费作为投资成本，借记"长期股权投资"科目，按照发生的相关税费，贷记"银行存款""其他应缴税费"等科目，按其差额，贷记本科目。

（6）确认上述的（1）至（5）条以外的其他收入时，按照应收或实际收到的金额，借记"其他应收款""银行存款""库存现金"等科目，贷记本科目。

（7）期末，将本科目本期发生额转入本期盈余，借记本科目，贷记"本期盈余"科目。

二、行政事业单位的预算收入

（一）财政拨款预算收入

财政拨款预算收入是指行政事业单位从同级政府财政部门取得的各类财政拨款。行政事业单位应当设置"财政拨款预算收入"总账科目核算行政事业单位财政拨款预算收入业务。本科目应当设置"基本支出"和"项目支出"两个明细科目，并按照《政府收支分类科目》中支出功能分类科目的项级科目进行明细核算；同时，在"基本支出"明细科目下按照"人员经费"和"日常公用经费"进行明细核算，在"项目支出"明细科目下按照具体项目进行明细核算。有一般公共预算财政拨款、政府性基金预算财政拨款两种或两种以上财政拨款的单位，还应当按照财政拨款的种类进行明细核算。年末，将本科目本年发生额转入财政拨款结转，结转后，本科目应无余额。财政拨款预算收入的主要账务处理如下。

1. 通过财政直接支付方式取得的财政拨款预算收入

在财政直接支付方式下，行政事业单位根据收到的《财政直接支付入账通知书》及相关原始凭证中的直接支付金额，借记"行政支出""事业支出"等科目，贷记本科目。年末，根据本年度财政直接支付预算数与实际支出数的差额，借记"资金结存—财政应返还额度"科目，贷记本科目。

例：某行政单位通过财政直接支付方式向某社会组织支付一笔政府购买服务的费用，金额为34800元。该行政单位应编制如下会计分录：

借：业务活动费用 34800

贷：财政拨款收入 34800

借：行政支出 34800

贷：财政拨款预算收入 34800

2. 通过财政授权支付方式取得的财政拨款预算收入

在财政授权支付方式下，行政事业单位按照收到的《财政授权支付额度到账通知书》中的授权支付额度，借记"资金结存—零余额账户用款额度"科目，贷记本科目。年末，按照行政事业单位本年度财政授权支付预算数大于零余额账户用款额度下达数的差额，借记"资金结存—财政应返还额度"科目，贷记本科目。

例：某行政单位收到《财政授权支付额度到账通知书》，注明财政授权支付额度为18500元。该行政单位应编制如下会计分录：

借：零余额账户用款额度 18500

贷：财政拨款收入 18500

借：资金结存—零余额账户用款额度 18500

贷：财政拨款预算收入 18500

3. 通过财政实拨资金方式取得的财政拨款预算收入

在财政实拨资金方式下，行政事业单位按照本期预算收到财政拨款预算收入时，按照实收金额，借记"资金结存—货币资金"科目，贷记本科目。行政事业单位收到下期预算的财政预拨款，预算会计本期不做账务处理，在下一预算年度按照预收金额，借记"资金结存—货币资金"科目，贷记本科目；在财务会计中，收到下期预算的财政拨款时，借记"银行存款"等科目，贷记"其他应付款"科目，到下一预算年度时，借记"其他应付款"科目，贷记本科目。

例：尚未纳入财政国库单一账户制度改革的某事业单位，收到开户银行转来的收款通知，收到本期财政部门拨入的预算经费16800元。该事业单位应编制如下会计分录：

借：银行存款 16800

贷：财政拨款收入 16800

借：资金结存—货币资金 16800

贷：财政拨款预算收入 16800

（二）事业预算收入

事业预算收入是指事业单位开展专业业务活动及其辅助活动取得的现金流入。事业单位应当设置"事业预算收入"总账科目核算事业单位的事业预算收入业务。事业单位因开展科研及其辅助活动从非同级政府财政部门取得的经费拨款，也通过本科目核算。本科目应当按照事业预算收入类别、项目、来源、《政府收支分类科目》中支出功能分类科目项级科目等进行明细核算。对于因开展科研及其辅助活动从非同级政府财政部门取得的经费拨款，应当在本科目下单设"非同级财政拨款"明细科目进行明细核算；事业预算收入中如有专项资金收入，还应按照具体项目进行明细核算。年末结转后，本科目应无余额。事业预算收入的主要账务处理如下。

（1）采用财政专户返还方式管理的事业预算收入

收到从财政专户返还的事业预算收入时，按照实际收到的返还金额，借记"资金结存—货币资金"等科目，贷记本科目。

例：某事业单位收到财政专户返还的事业预算收入78000元，款项已存入开户银行。该事业单位应编制如下会计分录：

借：银行存款 78000

贷：事业收入 78000

借：资金结存—货币资金 78000

贷：事业预算收入 78000

（2）收到的其他事业预算收入

按照实际收到的金额，借记"资金结存—货币资金"科目，贷记本科目。事业单位按照合同的完工进度计算确认当年实现的事业收入时，不做预算会计核算，只做财务会计核算。

例：某事业单位按合同约定从付款方预收一笔事业活动费43000元，款项已存入银行。该事业单位应编制如下会计分录：

借：银行存款 43000

贷：预收账款 43000

借：资金结存—货币资金 43000

贷：事业预算收入 43000

（3）年末，将事业预算收入本年发生额中的专项资金收入转入非财政拨款结转，借记本科目下各专项资金收入明细科目，贷记"非财政拨款结转—本年收支结转"科目；将本科目本年发生额中的非专项资金收入转入其他结余，借记本科目下各非专项资金收入明细科目，贷记"其他结余"科目。

（三）附属单位上缴预算收入

附属单位上缴预算收入是指事业单位取得的附属独立核算单位根据有关规定上缴的现金流入。事业单位应当设置"附属单位上缴预算收入"总账科目核算事业单位的附属单位上缴预算收入业务。本科目按照附属单位、缴款项目、《政府收支分类科目》中支出功能分类科目的项级科目等进行明细核算。附属单位上缴预算收入中如有专项资金收入，还应按照具体项目进行明细核算。年末结转后，本科目应无余额。收到附属单位缴来款项时，按照实际收到的金额，借记"资金结存—货币资金"科目，贷记本科目。年末，将本科目本年发生额中的专项资金收入转入非财政拨款结转，借记本科目下各专项资金收入明细科目，贷记"非财政拨款结转—本年收支结转"科目；将本科目本年发生额中的非专项资金收入转入其他结余，借记本科目下各非专项资金收入明细科目，贷记"其他结余"科目。

例：某事业单位收到一笔上月确认的附属单位上缴收入15600元，款项已存入开户银行。该事业单位应编制如下会计分录：

借：银行存款 15600

贷：其他应收款 15600

借：资金结存—货币资金 15600

贷：附属单位上缴预算收入 15600

（四）上级补助预算收入

上级补助预算收入是指事业单位从主管部门和上级单位取得的非财政补助现金流入。财政拨款预算收入则是事业单位直接从同级财政部门取得的和通过主管部门从同级财政部门取得的补助经费。从二者的含义可以看出二者存在明显的差异。首先，二者的资金来源不同，上级补助预算收入的资金主要来源于主管部门或者上级单位，而财政拨款预算收入的资金主要来源于同级财政部门；其次，二者的资金性质不同，财政拨款预算收入的资金性质为财政资金，而上级补助预算收入的资金性质为非同级财政资金；最后，财政拨款预算收入属于事业单位的常规性收入，是事业单位开展业务活动的基本保证，而上级补助预算收入属于事业单位的非常规性收入，主管部门或上级单位一般根据自身资金情况和事业单位的需要，向事业单位拨付上级补助资金。

事业单位应当设置"上级补助预算收入"总账科目核算上级补助预算收入业务。本科目应当按照发放补助单位、补助项目、《政府收支分类科目》中支出功能分类科目的项级科目等进行明细核算。上级补助预算收入中如有专项资金收入，还应按照具体项目进行明细核算。收到上级补助预算收入时，预算会计按照实际收到的金额，借记"资金结存—货币资金"科目，贷记本科目。年末，将本科目本年发生额中的专项资金收入转入非财政拨款结转，借记本科目下各专项资金收入明细科目，贷记"非财政拨款结转—本年收支结转"科目；将本科目本年发生额中的非专项资金收入转入其他结余，借记本科目下各非专项资金收入明细科目，贷记"其他结余"科目。年末结转后，本科目应无余额。

例：某事业单位收到一笔上级主管部门拨入的补助资金，用于支持该事业单位的某专项业务活动，金额为21800元，款项已存入银行。该事业单位应编制如下会计分录：

借：银行存款 21800

贷：上级补助收入 21800

借：资金结存—货币资金 21800

贷：上级补助预算收入 21800

（五）债务预算收入

债务预算收入是指事业单位按照规定从银行和其他金融机构等借入的、纳入部门预算管理的、不以财政资金作为偿还来源的债务本金。事业单位应当设置"债务预算收入"总账科目核算事业单位的债务预算收入业务。本科目应当按照贷款单位、贷款种类、《政府收支分类科目》中支出功能分类科目的项级科目等进行明细核算。债务预算收入中如有专项资金收入，还应按照具体项目进行明细核算。借入各项短期或长期借款时，按照实际借入的金额，借记"资金结存—货币资金"科目，贷记本科目。年末，将本科目本年发生额中的专项资金收入转入非财政拨款结转，借记本科目下各专项资金收入明细科目，贷记"非财政拨款结转—本年收支结转"科目；将本科目本年发生额中的非专项资金收入转入其他结余，借记本科目下各非专项资金收入明细科目，贷记"其他结余"科目。年末结转后，本科目应无余额。

例：某事业单位经批准向银行借入一笔金额为300 000元的短期借款。该事业单位应编制如下会计分录：

借：银行存款 300000

贷：短期借款 300000

借：资金结存—货币资金 300000

贷：债务预算收入 300000

（六）经营预算收入

经营预算收入是指事业单位在专业业务活动及其辅助活动之外开展非独立核算经营活动取得的现金流入。事业单位应设置"经营预算收入"总账科目，核算事业单位的经营预算收入业务。本科目应当按照经营活动类别、项目、《政府收支分类科目》中支出功能分类科目的项级科目等进行明细核算。收到经营预算收入时，按照实际收到的金额，借记"资金结存—货币资金"科目，贷记本科目。年末，将本科目本年发生额转入经营结余，借记本科目，贷记"经营结余"科目。年末结转后，本科目应无余额。

例：某事业单位开展一项非独立核算的活动，取得经营收入 5 600 元，款项已存入开户银行。暂不考虑增值税业务。该事业单位应编制如下会计分录：

借：银行存款 5600

贷：经营收入 5600

借：资金结存—货币资金 5600

贷：经营预算收入 5600

（七）投资预算收益

投资预算收益是指事业单位取得的按照规定纳入部门预算管理的属于投资收益性质的现金流入，包括股权投资收益、出售或收回债券投资所取得的收益和债券投资利息收入。事业单位应当设置"投资预算收益"总账科目核算事业单位投资预算收益业务。本科目应当按照《政府收支分类科目》中支出功能分类科目的项级科目等进行明细核算。期末结转后，本科目应无余额。投资预算收益的主要账务处理如下。

1. 事业单位出售或到期收回本年度取得的短期、长期债券时，按照实际取得的价款或实收本息金额，借记"资金结存—货币资金"科目，按照取得债券时"投资支出"科目的发生额，贷记"投资支出"科目，按照其差额，贷记或借记本科目；出售或到期收回以前年度取得的短期、长期债券时，按照实际取得的价款或实际收到的本息金额，借记"资金结存—货币资金"科目，按照取得债券时"投资支出"科目的发生额，贷记"其他结余"科目，按照其差额，贷记或借记本科目。

2. 持有的短期投资以及分期付息、一次还本的长期债券投资收到利息时，按照实际收到的金额，借记"资金结存—货币资金"科目，贷记本科目。

3. 持有长期股权投资取得被投资单位分派的现金股利或利润时，按照实际收到的金额，借记"资金结存—货币资金"科目，贷记本科目。

4. 出售、转让以非货币性资产取得的长期股权投资时，按照规定纳入单位预算管理的，按照实际取得的价款扣减支付的相关费用和应缴财政款后的余额，借记"资金结存—货币资金"科目，贷记本科目。

5. 年末，将本科目本年发生额转入其他结余，借记或贷记本科目，贷记或借记"其他结余"科目。

例：某事业单位出售一项本年度取得的短期投资，实收价款 12600 元，款项已存入银行。该项短期投资的账面余额为 12200 元，取得时"投资支出"科目的发生额也为 12200 元。该事业单位应编制如下会计分录：

借：银行存款 12600

贷：短期投资 12200

　　　投资收益 400

借：资金结存—货币资金 12600

贷：投资支出 12200

　　　投资预算收益 400

（八）非同级财政拨款预算收入

非同级财政拨款预算收入是指行政事业单位从非同级政府财政部门取得的财政拨款，包括本级横向转拨财政款和非本级财政拨款。行政事业单位应当设置"非同级财政拨款预算收入"总账科目核算行政事业单位非同级财政拨款预算收入业务。需要注意的是，对于因开展科研及其辅助活动从非同级政府财政部门取得的经费拨款，应当通过"事业预算收入—非同级财政拨款"科目进行核算，不通过本科目核算。本科目应当按照非同级财政拨款预算收入的类别、来源、《政府收支分类科目》中支出功能分类科目的项级科目等进行明细核算。非同级财政拨款预算收入中如有专项资金收入，还应按照具体项目进行明细核算。

行政事业单位取得非同级财政拨款预算收入时，按照实际收到的金额，借记"资金结存—货币资金"科目，贷记本科目。年末，将本科目本年发生额中的专项资金收入转入非财政拨款结转，借记本科目下各专项资金收入明细科目，贷记"非财政拨款结转—本年收支结转"科目；将本科目本年发生额中的非专项资金收入转入其他结余，借记本科目下各非专项资金收入明细科目，贷记"其他结余"科目。年末结转后，本科目应无余额。

（九）其他预算收入

其他预算收入是指行政事业单位收到的除上述各项预算收入、投资预算收益之外的纳入部门预算管理的现金流入，包括捐赠预算收入、利息预算收入、租金预算收入、现金盘盈收入等。行政事业单位应当设置"其他预算收入"总账科目核算行政事业单位其他预算收入业务。本科目应当按照其他收入类别、《政府收支分类科目》中支出功能分类科目的项级科目等进行明细核算。其他预算收入中如有专项资金收入，还应按照具体项目进行明细核算。年末结转后，本科目应无余额。其他预算收入的主要账务处理如下。

1. 行政事业单位接受捐赠现金资产、收到银行存款利息、收到资产承租人支付的租金时，按照实际收到的金额，借记"资金结存—货币资金"科目，贷记本科目。

2. 每日现金账款核对中如发现现金溢余，按照溢余的现金金额，借记"资金结存—货币资金"科目，贷记本科目；经核实，属于应支付给有关个人和单位的部分，按照实际支付的金额，借记本科目，贷记"资金结存—货币资金"科目。

3. 收到其他预算收入时，按照收到的金额，借记"资金结存—货币资金"科目，贷记本科目。

4. 年末，将本科目本年发生额中的专项资金收入转入非财政拨款结转，借记本科目下各专项资金收入明细科目，贷记"非财政拨款结转—本年收支结转"科目；将本科目本年发生额中的非专项资金收入转入其他结余，借记本科目下各非专项资金收入明细科目，贷记"其他结余"科目。

例：某事业单位接受一笔具有专门用途的资金捐赠，金额为80000元，款项已存入银行。该事业单位应编制如下会计分录：

借：银行存款 80000

贷：捐赠收入 80000

借：资金结存—货币资金 80000

贷：其他预算收入 80000

第二节 预算支出

一、行政事业单位的费用

（一）业务活动费用

业务活动费用是指行政事业单位为实现其职能目标、依法履职或开展专业业务活动及其辅助活动所发生的各项费用。行政单位根据其职能定位依法履行相应的职能，事业单位根据其业务目标依法开展相应的专业业务活动及其辅助活动。事业单位开展的专业业务活动及其辅助活动属于社会公益活动。

行政事业单位应当设置"业务活动费用"总账科目核算行政事业单位为实现其职能目标、依法履职或开展专业业务活动及其辅助活动所发生的各项费用。本科目应当按照项目、服务或者业务类别、支付对象等进行明细核算。为了满足成本核算需要，本科目下还可按照"工资福利费用""商品和服务费用""对个人和家庭的补助费用""对企业补助费用""固定资产折旧费""无形资产摊销费""公共基础设施折旧（摊销）费""保障性住房折旧费""计提专用基金"等成本项目设置明细科目，归集能够直接计入业务活动或采用一定方法计算后计入业务活动的费用。业务活动费用的主要账务处理如下。

1. 为履职或开展业务活动人员计提的薪酬，按照计算确定的金额，借记本科目，贷记"应付职工薪酬"科目。

例：某事业单位为开展专业业务活动人员计提当月职工薪酬，共计1325000元。该事业单位应编制如下会计分录：

借：业务活动费用 1325000

贷：应付职工薪酬 1325000

2. 为履职或开展业务活动发生的外部人员劳务费，按照计算确定的金额，借记本科目，按照代扣代缴个人所得税的金额，贷记"其他应缴税费—应缴个人所得税"科目，按照扣税后应付或实际支付的金额，贷记"其他应付款""财政拨款收入""零余额账户用款额度""银行存款"等科目。

例：某事业单位为开展业务活动发生外部人员劳务费共计33000元，其中，应代扣代缴个人所得税2000元。该事业单位应编制如下会计分录：

借：业务活动费用 33000

贷：其他应缴税费应缴个人所得税 2000

　　其他应付款 31000

3. 为履职或开展业务活动领用库存物品，以及动用发出相关政府储备物资，按照领用库存物品或发出相关政府储备物资的账面余额，借记本科目，贷记"库存物品""政府储备物资"等科目。

例：某行政单位为开展业务领用一批账面余额为6500元的库存物品。该行政单位应编制如下会计分录：

借：业务活动费用 6500

贷：库存物品 6500

4. 为履职或开展业务活动所使用的固定资产、无形资产以及为所控制的公共基础设施、保障性住房计提的折旧、摊销，按照计提金额，借记本科目，贷记"固定资产累计折旧""无形资产累计摊销""公共基础设施累计折旧（摊销）""保障性住房累计折旧"等科目。

例：某事业单位为开展业务活动所使用的固定资产计提折旧45000元。该事业单位应编制如下会计分录：

借：业务活动费用 45000

贷：固定资产累计折旧 45000

5. 为履职或开展业务活动发生的城市维护建设税、教育费附加、地方教育费附加、车船税、房产税、城镇土地使用税等，按照计算确定应缴纳的金额，借记本科目，贷记"其他应缴税费"等科目。

例：某事业单位为开展业务活动发生城市维护建设税 2800 元，教育费附加 600 元。该事业单位应编制如下会计分录：

借：业务活动费用 3400

贷：其他应缴税费—城市维护建设税 2800

其他应缴税费教育费附加 600

6. 为履职或开展业务活动发生其他各项费用时，按照费用确认金额，借记本科目，贷记"财政拨款收入""零余额账户用款额度""银行存款""应付账款""其他应付款""其他应收款"等科目。

例：某行政单位为履职发生水电费 1550 元，款项通过财政直接支付方式支付。该行政单位应编制如下会计分录：

借：业务活动费用 1550

贷：财政拨款收入 1550

借：行政支出 1550

贷：财政拨款预算收入 1550

7. 按照规定从收入中提取专用基金并计入费用的，一般按照预算会计下基于预算收入计算提取的金额，借记本科目，贷记"专用基金"科目。国家另有规定的，从其规定。

例：某事业单位按照规定从事业收入中提取科技成果转换专项基金 100000 元。该事业单位应编制如下会计分录：

借：业务活动费用 100000

贷：专用基金—科技成果转换基金 100000

8. 发生当年购货退回等业务，对于已计入本年业务活动费用的，按照收回或应收的金额，借记"财政拨款收入""零余额账户用款额度""银行存款""其他应收款"等科目，贷记本科目。

例：某事业单位因货品质量问题退回一批当年购入的货品 550 元，该批货品在购入时已计入本年业务活动费用，退货款项已收到并存入开户银行。该事业单位应编制如下会计分录：

借：银行存款 550

贷：业务活动费用 550

借：资金结存货币资金 550

贷：事业支出 550

9. 期末，根据本科目的发生额，借记"本期盈余"科目，贷记本科目。结转后，本科目无余额。

(二) 单位管理费用

单位管理费用是指事业单位本级行政及后勤管理部门开展管理活动发生的各项费用。事业单位应当设置"单位管理费用"总账科目核算事业单位本级行政及后勤管理部门开展管理活动发生的各项费用，包括单位行政及后勤管理部门发生的人员经费、公用经费、资产折旧（摊销）等费用，以及由事业单位统一负担的离退休人员经费、工会经费、诉讼费、中介费等。本科目应当按照项目、费用类别、支付对象等进行明细核算。为了满足成本核算需要，本科目下还可按照"工资福利费用""商品和服务费用""对个人和家庭的补助费用""固定资产折旧费""无形资产摊销费"等成本项目设置明细科目，归集能够直接计入单位管理活动或采用一定方法计算后计入单位管理活动的费用。期末结转后，本科目应无余额。单位管理费用的主要账务处理如下。

1. 为管理活动人员计提的薪酬，按照计算确定的金额，借记本科目，贷记"应付职工薪酬"科目。

2. 为开展管理活动发生的外部人员劳务费，按照计算确定的费用金额，借记本科目，按照代扣代缴个人所得税的金额，贷记"其他应缴税费—应缴个人所得税"科目，按照扣税后应付或实际支付的金额，贷记"其他应付款""财政拨款收入""零余额账户用款额度""银行存款"等科目。

3. 开展管理活动内部领用库存物品，按照领用物品实际成本，借记本科目，贷记"库存物品"科目。

4. 为管理活动所使用固定资产、无形资产计提的折旧、摊销，按照应提折旧、摊销额，借记本科目，贷记"固定资产累计折旧""无形资产累计摊销"等科目。

5. 为开展管理活动发生的城市维护建设税、教育费附加、地方教育费附加、车船税、房产税、城镇土地使用税等，按照计算确定应缴纳的金额，借记本科目，贷记"其他应缴税费"等科目。

6. 为开展管理活动发生的其他各项费用，按照费用确认金额，借记本科目，贷记"财政拨款收入""零余额账户用款额度""银行存款""其他应付款""其他应收款"等科目。

7. 发生当年购货退回等业务，对于已计入本年单位管理费用的，按照收回或应收的金额，借记"财政拨款收入""零余额账户用款额度""银行存款""其他应收款"等科目，贷记本科目。

8. 期末，将本科目本期发生额转入本期盈余，借记"本期盈余"科目，贷记本科目。

单位管理费用的业务内容及核算方法与业务活动费用类似，此处不再举例说明。

(三) 经营费用

经营费用是指事业单位在专业业务活动及其辅助活动之外开展非独立核算经营活动发生的各项费用。事业单位应当设置"经营费用"总账科目核算事业单位在专业业务活动及其辅助活动之外开展非独立核算经营活动发生的各项费用。本科目应当按照经营活动类别、项目、支付对象等进行明细核算。为了满足成本核算需要，本科目下还可按照"工资福利费用""商品和服务费用""对个人和家庭的补助费用""固定资产折旧费""无形资产摊销费"等成本项目设置明细科目，归集能够直接计入单位经营活动或采用一定方法计算后计入单位经营活动的费用。期末结转后，本科目应无余额。经营费用的主要账务处理如下。

1. 为经营活动人员计提的薪酬，按照计算确定的金额，借记本科目，贷记"应付职工薪酬"科目。

2. 开展经营活动领用或发出库存物品，按照物品实际成本，借记本科目，贷记"库存物品"科目。

3. 为经营活动所使用固定资产、无形资产计提的折旧、摊销，按照应提折旧、摊销额，借记本科目，贷记"固定资产累计折旧""无形资产累计摊销"科目。

4. 开展经营活动发生城市维护建设税、教育费附加、地方教育费附加、车船税、房产税、城镇土地使用税等，按照计算确定应缴纳的金额，借记本科目，贷记"其他应缴税费"等科目。

5. 发生与经营活动相关的其他各项费用时，按照费用确认金额，借记本科目，贷记"银行存款""其他应付款""其他应收款"等科目。

6. 发生当年购货退回等业务，对于已计入本年经营费用的，按照收回或应收的金额，借记"银行存款""其他应收款"等科目，贷记本科目。

7. 期末，将本科目本期发生额转入本期盈余，借记"本期盈余"科目，贷记本科目。

经营费用涉及的业务内容和业务活动费用及单位管理费用相同，其核算方法也类似，此处不再举例说明。

(四) 资产处置费用

资产处置费用是指行政事业单位经批准处置资产时发生的费用，包括转销的被处置资产价值，以及在处置过程中发生的相关费用或者处置收入小于相关费用形成的净支出。资产处置的形式按照规定包括无偿调拨、出售、出让、转让、置换、对外捐赠、报废、毁损以及货币性资产损失核销等。行政事业单位应当设置"资产处置费用"总账科目核算行政事业单位经批准处置资产时发生的费用。行政事业单位在资产清查中查明的资产盘亏、毁损以及资产报废等，应当先通过"待处理财产损溢"科目进行核算，再将处理资产价值和处理净支出计入本科目。本科目应当按照资产处置的类别、资产处置的形式等进行明细核算。期末结转后，本科目应无余额。资产处置费用的主要账务处理如下。

1. 不通过"待处理财产损溢"科目核算的资产处置，分以下三种情况确认资产处置费用。

（1）按照规定报经批准处置资产时，按照处置资产的账面价值，借记本科目［处置固定资产、无形资产、公共基础设施、保障性住房的，还应借记"固定资产累计折旧""无形资产累计摊销""公共基础设施累计折旧（摊销）""保障性住房累计折旧"等科目］，按照处置资产的账面余额，贷记"库存物品""固定资产""无形资产""公共基础设施""政府储备物资""文物文化资产""保障性住房""其他应收款""在建工程"等科目。

（2）处置资产过程中仅发生相关费用的，按照实际发生金额，借记本科目，贷记"银行存款""库存现金"等科目。

（3）处置资产过程中取得收入的，按照取得的价款，借记"库存现金""银行存款"等科目，按照处置资产过程中发生的相关费用，贷记"银行存款""库存现金"等科目，按照其差额，借记本科目或贷记"应缴财政款"等科目。

2. 通过"待处理财产损溢"科目核算的资产处置。

单位账款核对中发现的现金短缺，属于无法查明原因的，报经批准核销时，借记本科目，贷记"待处理财产损溢"科目。

单位资产清查过程中盘亏或者毁损、报废的存货、固定资产、无形资产、公共基础设施、政府储备物资、文物文化资产、保障性住房等，报经批准处理时，按照处理资产价值，借记本科目，贷记"待处理财产损溢—待处理财产价值"科目。处理收支结清时，处理过程中所取得的收入小于所发生相关费用的，按照相关费用减去处理收入后的净支出，借记本科目，贷记"待处理财产损溢—处理净收入"科目。

（五）上缴上级费用

上缴上级费用是指事业单位按照财政部门和主管部门的规定上缴上级单位款项发生的费用。事业单位向上级单位上缴的款项属于非财政资金，相应资金通常是事业单位自身取得的事业收入、经营收入和其他收入等。事业单位应当设置"上缴上级费用"总账科目核算其按规定上缴上级单位款项发生的费用业务。本科目应当按照收缴款项单位、缴款项目等进行明细核算。事业单位发生上缴上级支出的，按照实际上缴的金额或者按照规定计算出应当上缴上级单位的金额，借记本科目，贷记"银行存款""其他应付款"等科目。期末，将本科目本期发生额转入本期盈余，借记"本期盈余"科目，贷记本科目。期末结转后，本科目应无余额。

例：某事业单位按规定的标准上缴上级单位款项 16000 元，款项以银行存款支付。该事业单位应编制以下分录：

借：上缴上级费用 16000
贷：银行存款 16000
借：上缴上级支出 16000
贷：资金结存—货币资金 16000

（六）对附属单位补助费用

对附属单位补助费用是指事业单位用财政拨款收入之外的收入对附属单位补助发生的费用。事业单位对附属单位的补助款项属于非财政资金。事业单位应当设置"对附属单位补助费用"总账科目核算事业单位用财政拨款收入之外的收入对附属单位补助发生的费用。本科目应当按照接受补助单位、补助项目等进行明细核算。事业单位发生对附属单位补助支出的，按照实际补助的金额或者按照规定计算出应当对附属单位补助的金额，借记本科目，贷记"银行存款""其他应付款"等科目。期末，将本科目本期发生额转入本期盈余，借记"本期盈余"科目，贷记本科目。期末结转后，本科目应无余额。

例：某事业单位用自有资金拨给其附属单位一次性补助 20000 元，款项通过银行存款支付。该事业单位应编制如下会计分录：

借：对附属单位补助费用 20000
贷：银行存款 20000
借：对附属单位补助支出 20000
贷：资金结存—货币资金 20000

（七）所得税费用

所得税费用是指有企业所得税缴纳义务的事业单位按规定缴纳企业所得税所形成的费用。事业单位应当设置"所得税费用"总账科目核算事业单位的所得税费用业务。事业单位发生企业所得税纳税义务的，按照税法规定计算的应缴税金数额，借记本科目，贷记"其他应缴税费—单位应缴所得税"科目。实际缴纳时，按照缴纳金额，借记"其他应缴税费—单位应缴所得税"科目，贷记"银行存款"科目。年末，将本科目本年发生额转入本期盈余，借记"本期盈余"科目，贷记本科目。年末结转后，本科目应无余额。

例：某事业单位按照税法规定计算的应缴所得税金额为 1320 元。该事业单位应编制如下会计分录：

1. 计算应缴企业所得税时。

借：所得税费用 1320

贷：其他应缴税费—单位应缴所得税 1320

2. 实际缴纳企业所得税时。

借：其他应缴税费—单位应缴所得税 1320

贷：银行存款 1320

借：经营支出 1320

贷：资金结存—货币资金 1320

（八）其他费用

其他费用是指行政事业单位发生的除业务活动费用、单位管理费用、经营费用、资产处置费用、上缴上级费用、附属单位补助费用、所得税费用以外的各项费用，包括利息费用、坏账损失、罚没支出、现金资产捐赠支出以及相关税费、运输费等。行政事业单位应设置"其他费用"总账科目核算行政事业单位发生的其他费用业务。本科目应当按照其他费用的类别等进行明细核算，单位发生的利息费用较多的，可以单独设置"利息费用"科目。期末结转后，本科目应无余额。其他费用的主要账务处理如下。

1. 利息费用。按期计算确认借款利息费用时，按照计算确定的金额，借记"在建工程"科目或本科目，贷记"应付利息""长期借款—应计利息"等科目。

2. 坏账损失。年末，事业单位按照规定对收回后不需上缴财政的应收账款和其他应收款计提坏账准备时，按照计提金额，借记本科目，贷记"坏账准备"科目；冲减多提的坏账准备时，按照冲减金额，借记"坏账准备"科目，贷记本科目。

3. 罚没支出。行政事业单位发生罚没支出的，按照实际缴纳或应当缴纳的金额，借记本科目，贷记"银行存款""库存现金""其他应付款"等科目。

4. 现金资产捐赠。行政事业单位对外捐赠现金资产的，按照实际捐赠的金额，借记本科目，贷记"银行存款""库存现金"等科目。

5. 其他相关费用。行政事业单位接受捐赠（或无偿调入）以名义金额计量的存货、固定资产、无形资产，以及成本无法可靠取得的公共基础设施、文物文化资产等发生的相关税费、运输费等，按照实际支付的金额，借记本科目，贷记"财政拨款收入""零余额账户用款额度""银行存款""库存现金"等科目。行政事业单位发生的与受托代理资产相关的税费、运输费、保管费等，按照实际支付或应付的金额，借记本科目，贷记"零余额账户用款额度""银行存款""库存现金""其他应付款"等科目。

6. 期末，将本科目本期发生额转入本期盈余，借记"本期盈余"科目，贷记本科目。

例：某事业单位接受无偿调入一项成本无法可靠取得的文物文化资产，本单位承担的运输费等相关费用为 860 元，款项通过零余额账户用款额度支付。该事业单位应编制如下会计分录：

借：其他费用 860
　贷：零余额账户用款额度 860
借：其他支出 860
　贷：资金结零余额账户用款额度 860

二、行政事业单位的预算支出

（一）行政支出

行政支出是指行政单位为实现国家管理职能、完成行政任务等所必须发生的各项现金流出，是行政单位实现国家管理职能、完成行政任务的资金保证。为了有针对性地加强和改善对行政单位资金支出的管理，有必要对行政单位的支出按照一定的要求进行恰当的分类。行政支出按照资金性质分为财政拨款支出、非财政专项资金支出和其他资金支出等种类；按照部门预算管理的要求分为基本支出和项目支出两大类；按照政府支出功能分类科目进行的分类等。

行政单位应当设置"行政支出"总账科目核算行政支出业务。本科目应当分别按照"财政拨款支出""非财政专项资金支出"和"其他资金支出"，"基本支出"和"项目支出"等进行明细核算，并按照《政府收支分类科目》中支出功能分类科目的项级科目进行明细核算。"基本支出"和"项目支出"明细科目下应当按照《政府收支分类科目》中部门预算支出经济分类科目的款级科目进行明细核算，同时在"项目支出"明细科目下按照具体项目进行明细核算。有一般公共预算财政拨款、政府性基金预算财政拨款两种或两种以上财政拨款的行政单位，还应当在"财政拨款支出"明细科目下按照财政拨款的种类进行明细核算。对于预付款项，可通过在本科目下设置"待处理"明细科目进行核算，待确认具体支出项目后再转入本科目下相关明细科目。年末结账前，应将本科目"待处理"明细科目余额全部转入本科目下相关明细科目。行政支出的主要账务处理如下。

1. 支付单位职工薪酬。鉴于财务会计与预算会计的记账基础不同，行政单位在为职工计提薪酬时，在财务会计中应当确认费用和负债，即借记"业务活动费用"科目，贷记"应付职工薪酬"科目，预算会计不需要做计提职工薪酬的账务处理。向职工个人实际支付薪酬时，按照实际支付的金额，借记本科目，贷记"财政拨款预算收入""资金结存"科目。

按照规定代扣代缴个人所得税以及代扣代缴或为职工缴纳职工社会保险费、住房公积金等时，按照实际缴纳的金额，借记本科目，贷记"财政拨款预算收入""资金结存"科目。

例：某行政单位以财政直接支付的方式向单位职工个人支付薪酬，共计1850000元。该行政单位应编制如下会计分录：

借：应付职工薪酬 1850000

贷：财政拨款收入 1850000

借：行政支出 1850000

贷：财政拨款预算收入 1850000

2. 支付外部人员劳务费。行政单位支付外部人员劳务费时，按照实际支付金额，借记本科目，贷记"财政拨款预算收入""资金结存"科目。按照规定代扣代缴个人所得税时，按照实际缴纳的金额，借记本科目，贷记"财政拨款预算收入""资金结存"科目。

例：某行政单位向外部人员支付应付劳务费25300元，支付方式为财政直接支付。假设不考虑相关税费，该行政单位应编制如下会计分录：

借：业务活动费用 25300

贷：财政拨款收入 25300

借：行政支出 25300

贷：财政拨款预算收入 25300

3. 为购买存货、在建工程、固定资产、无形资产等支付相关款项时，按照实际支付的金额，借记本科目，贷记"财政拨款预算收入""资金结存"科目。行政单位为购买存货、在建工程、固定资产及无形资产等支付相关款项时，在财务会计中表现为资产的增加，而预算会计则表现为支出的增加；领用存货、在建工程等相关资产时，在财务会计中要记录业务活动费用的增加，而在预算会计中不进行相应的账务处理。

例：某行政单位购入一台需要安装的固定资产，采用财政直接支付方式支付价款95000元。假设不考虑相关税费，该行政单位应编制如下会计分录：

借：在建工程 95000

贷：财政拨款收入 95000

借：行政支出 95000

贷：财政拨款预算收入 95000

4. 发生预付账款时，在预算会计中按照实际支付的金额，借记本科目，贷记"财政拨款预算收入""资金结存"等科目；在财务会计中借记"预付账款"，贷记"财政拨款收入"。在预算会计中，对于暂付款项可不做账务处理，待结算或报销时，按照结算或报销的金额，借记本科目，贷记"资金结存"科目。当行政单位收到购买的服务时，在财务会计中，转销预付账款的同时确认业务活动费用，而在预算会计中不需要进行账务处理，除非收回多余的预付款或者之前的预付款不足。

例：某行政单位通过财政直接支付方式购买一项服务，发生预付账款 3800 元。该行政单位应编制如下会计分录：

借：预付账款 3800

贷：财政拨款收入 3800

借：行政支出 3800

贷：财政拨款预算收入 3800

5. 发生其他各项支出时，按照实际支付的金额，借记本科目，贷记"财政拨款预算收入""资金结存"等科目。

例：某行政单位通过财政授权支付的方式，支付履职过程中发生的物业管理费等办公费用 1960 元。该行政单位应编制如下会计分录：

借：业务活动费用 1960

贷：零余额账户用款额度 1960

借：行政支出 1960

贷：资金结存零余额账户用款额度 1960

6. 因购货退回等发生款项退回，或者发生差错更正的，属于当年支出收回的，按照收回或更正金额，借记"财政拨款预算收入""资金结存"等科目，贷记本科目；属于以前年度支出收回的，在财务会计中通过"以前年度盈余调整"科目调整净资产数额，在预算会计中通过"财政拨款结转""财政拨款结余""非财政拨款结转""非财政拨款结余"等科目调整结转结余数额。

例：某行政单位因产品规格不符合要求，退回当年购入的一批价值为 580 元的产品。该批产品在购入时已计入本年业务活动费用和行政支出，退货款项已收到并存入银行账户。该行政单位应编制如下会计分录：

借：银行存款 580

贷：业务活动费用 580

借：资金结存 580

贷：行政支出 580

7. 年末，将本科目本年发生额中的财政拨款支出转入财政拨款结转，借记"财政拨款结转—本年收支结转"科目，贷记本科目下各财政拨款支出明细科目；将本科目本年发生额中的非财政专项资金支出转入非财政拨款结转，借记"非财政拨款结转—本年收支结转"科目，贷记本科目下各非财政专项资金支出明细科目；将本科目本年发生额中的其他资金支出（非财政非专项资金支出）转入其他结余，借记"其他结余"科目，贷记本科目下其他资金支出明细科目。年末结转后，本科目应无余额。

（二）事业支出

事业支出是指事业单位开展专业业务活动及其辅助活动所发生的各项现金流出。为了强化事业支出的管理，有必要对其按照一定的要求进行恰当的分类。事业支出按照资金性质分为财政拨款支出、非财政专项资金支出和其他资金支出；按照部门预算管理的要求，分为基本支出和项目支出两大类；各项事业支出都需要按照政府支出功能分类科目进行分类反映。

事业单位应当设置"事业支出"总账科目，核算事业支出业务。本科目应当分别按照"财政拨款支出""非财政专项资金支出"和"其他资金支出"，"基本支出"和"项目支出"等进行明细核算，并按照《政府收支分类科目》中支出功能分类科目的项级科目进行明细核算；"基本支出"和"项目支出"明细科目下应当按照《政府收支分类科目》中部门预算支出经济分类科目的款级科目进行明细核算，同时在"项目支出"明细科目下按照具体项目进行明细核算。有一般公共预算财政拨款、政府性基金预算财政拨款等两种或两种以上财政拨款的事业单位，还应当在"财政拨款支出"明细科目下按照财政拨款的种类进行明细核算。对于预付款项，可通过在本科目下设置"待处理"明细科目进行明细核算，待确认具体支出项目后再转入本科目下相关明细科目。年末结账前，应将本科目"待处理"明细科目余额全部转入本科目下相关明细科目。事业支出的主要账务处理如下。

1. 支付事业单位职工（经营部门职工除外）薪酬。向事业单位职工个人支付薪酬时，按照实际支付的数额，借记本科目，贷记"财政拨款预算收入""资金结存"等科目。按照规定代扣代缴个人所得税以及代扣代缴或为职工缴纳职工社会保险费、住房公积金等时，按照实际缴纳的金额，借记本科目，贷记"财政拨款预算收入""资金结存"等科目。

2. 为专业业务活动及其辅助活动支付外部人员劳务费。按照实际支付给外部人员个人的金额，借记本科目，贷记"财政拨款预算收入""资金结存"等科目。按照规定代扣代缴个人所得税时，按照实际缴纳的金额，借记本科目，贷记"财政拨款预算收入""资金结存"等科目。

3. 开展专业业务活动及其辅助活动过程中为购买存货、固定资产、无形资产等，以及为在建工程支付相关款项时，按照实际支付的金额，借记本科目，贷记"财政拨款预算收入""资金结存"等科目。

4. 开展专业业务活动及其辅助活动过程中发生预付账款时，按照实际支付的金额，借记本科目，贷记"财政拨款预算收入""资金结存"等科目。对于暂付款项，在支付款项时可不做预算会计处理，待结算或报销时，按照结算或报销的金额，借记本科目，贷记"资金结存"科目。

5. 开展专业业务活动及其辅助活动过程中缴纳的相关税费以及发生的其他各项支出，按照实际支付的金额，借记本科目，贷记"财政拨款预算收入""资金结存"科目。

6. 开展专业业务活动及其辅助活动过程中因购货退回等发生款项退回，或者发生差错更正的，属于当年支出收回的，按照收回或更正金额，借记"财政拨款预算收入""资金结存"科目，贷记本科目。

7. 年末，将本科目本年发生额中的财政拨款支出转入财政拨款结转，借记"财政拨款结转—本年收支结转"科目，贷记本科目下各财政拨款支出明细科目；将本科目本年发生额中的非财政专项资金支出转入非财政拨款结转，借记"非财政拨款结转—本年收支结转"科目，贷记本科目下各非财政专项资金支出明细科目；将本科目本年发生额中的其他资金支出（非财政非专项资金支出）转入其他结余，借记"其他结余"科目，贷记本科目下其他资金支出明细科目。年末结转后，本科目应无余额。

（三）经营支出

经营支出是指事业单位在专业业务活动及其辅助活动之外开展非独立核算经营活动实际发生的各项现金流出。经营支出与经营费用不同，经营费用的记账基础是权责发生制，经营支出的记账基础是收付实现制；经营支出是预算会计的核算内容，经营费用是财务会计的核算内容。事业单位的经营活动不能使用事业活动的资金。事业单位经营活动的主要内容和特点可参阅经营费用中的相关内容，此处不再重复阐述。

事业单位应当设置"经营支出"总账科目核算事业单位的经营支出业务。本科目应当按照经营活动类别、项目、《政府收支分类科目》中支出功能分类科目的项级科目和部门预算支出经济分类科目的款级科目等进行明细核算。对于预付款项，可通过在本科目下设置"待处理"明细科目进行明细核算，待确认具体支出项目后再转入本科目下相关明细科目。年末结账前，应将本科目"待处理"明细科目余额全部转入本科目下相关明细科目。经营支出的主要账务处理如下。

1. 支付经营部门职工薪酬。向职工个人支付薪酬时，按照实际的金额，借记本科目，贷记"资金结存"科目。按照规定代扣代缴个人所得税以及代扣代缴或为职工缴纳职工社会保险费、住房公积金时，按照实际缴纳的金额，借记本科目，贷记"资金结存"科目。

2. 为经营活动支付外部人员劳务费。按照实际支付给外部人员个人的金额，借记本科目，贷记"资金结存"科目。按照规定代扣代缴个人所得税时，按照实际缴纳的金额，借记本科目，贷记"资金结存"科目。

3. 开展经营活动过程中为购买存货、固定资产、无形资产等以及在建工程支付相关款项时，按照实际支付的金额，借记本科目，贷记"资金结存"科目。

4. 开展经营活动过程中发生预付账款时，按照实际支付的金额，借记本科目，贷记"资金结存"科目。对于暂付款项，在支付款项时可不做预算会计处理，待结算或报销时，按照结算或报销的金额，借记本科目，贷记"资金结存"科目。

5. 因开展经营活动缴纳的相关税费以及发生的其他各项支出，按照实际支付的金额，借记本科目，贷记"资金结存"科目。

6. 开展经营活动中因购货退回等发生款项退回，或者发生差错更正的，属于当年支出收回的，按照收回或更正金额，借记"资金结存"科目，贷记本科目。

7. 年末，将本科目本年发生额转入经营结余，借记"经营结余"科目，贷记本科目。年末结转后，本科目应无余额。

（四）对附属单位补助支出

对附属单位补助支出是指事业单位用财政拨款预算收入之外的收入对附属单位补助发生的现金流出。事业单位应当设置"对附属单位补助支出"总账科目核算事业单位对附属单位补助支出业务。本科目应当按照接受补助单位、补助项目、《政府收支分类科目》中支出功能分类科目的项级科目和部门预算支出经济分类科目的款级科目等进行明细核算。发生对附属单位补助支出的，按照实际补助的金额，借记本科目，贷记"资金结存"科目。年末，将本科目本年发生额转入其他结余，借记"其他结余"科目，贷记本科目。年末结转后，本科目应无余额。

（五）投资支出

投资支出是指事业单位以货币资金对外投资发生的现金流出。事业单位应当设置"投资支出"总账科目核算事业单位投资支出业务。本科目应当按照投资类型、投资对象、《政府收支分类科目》中支出功能分类科目的项级科目和部门预算支出经济分类科目的款级科目等进行明细核算。投资支出的主要账务处理如下。

1. 以货币资金对外投资时，按照投资金额和所支付的相关税费金额的合计数，借记本科目，贷记"资金结存"科目。

2. 出售、对外转让或到期收回本年度纳入单位预算的以货币资金取得的对外投资的，按照实际收到的金额，借记"资金结存"科目，按照取得投资时本科目的发生额，贷记本科目，借贷差额计入"投资预算收益"科目；如果按规定将投资收益上缴财政的，按照取得投资时本科目的发生额，借记"资金结存"科目，贷记本科目。出售、对外转让或到期收回以前年度的纳入单位预算的以货币资金取得的对外投资的，按照实际收到的金额，借记"资金结存"科目，按照取得投资时本科目的发生额，贷记"其他结余"科目，借贷差额计入"投资预算收益"科目；如果按规定将投资收益上缴财政的，按照取得投资时本科目的发生额，借记"资金结存"科目，贷记"其他结余"科目。

3. 年末，将本科目本年发生额转入其他结余，借记"其他结余"科目，贷记本科目。年末结转后，"投资支出"科目应无余额。

（六）上缴上级支出

上缴上级支出是指事业单位按照财政部门和主管部门的规定上缴上级单位款项发生的现金流出。事业单位应当设置"上缴上级支出"总账科目核算事业单位的上缴上级支出业务。本科目应当按照收缴款项单位、缴款项目、《政府收支分类科目》中支出功能分类科目的项级科目和部门预算支出经济分类科目的款级科目等进行明细核算。按照规定将款项上缴上级单位的，按照实际上缴的金额，借记本科目，贷记"资金结存"科目。年末，将本科目本年发生额转入其他结余，借记"其他结余"科目，贷记本科目。年末结转后，本科目应无余额。

例：某事业单位按照财政部门和主管部门的规定，用银行存款支付上缴上级单位款项16000元。该事业单位应编制如下会计分录：

借：上缴上级费用 16000

贷：银行存款 16000

借：上缴上级支出 16000

贷：资金结存—货币资金 16000

（七）债务还本支出

债务还本支出是指事业单位偿还自身承担的纳入预算管理的从金融机构举借的债务本金的现金流出。事业单位应当设置"债务还本支出"总账科目核算事业单位的债务还本支出业务。本科目应当按照贷款单位、贷款种类、《政府收支分类科目》中支出功能分类科目的项级科目和部门预算支出经济分类科目的款级科目等进行明细核算。偿还各项短期或长期借款时，按照偿还的借款本金，借记本科目，贷记"资金结存"科目。年末，将本科目本年发生额转入其他结余，借记"其他结余"科目，贷记本科目。年末结转后，本科目应无余额。

例：某事业单位用银行存款向金融机构偿还一项短期借款本金 80000 元。该事业单位应编制如下会计分录：

借：短期借款 80000

贷：银行存款 80000

借：债务还本支出 80000

贷：资金结存—货币资金 80000

（八）其他支出

其他支出是指行政事业单位除行政支出、事业支出、经营支出、对附属单位补助支出、投资支出、上缴上级支出、债务还本支出以外的各项现金流出，包括利息支出、对外捐赠现金支出、现金盘亏损失、接受捐赠（调入）和对外捐赠（调出）非现金资产发生的税费支出、资产置换过程中发生的相关税费支出、罚没支出等。行政事业单位应当设置"其他支出"总账科目核算行政事业单位发生的其他支出业务。本科目应当按照其他支出的类别，"财政拨款支出""非财政专项资金支出"和"其他资金支出"，以及《政府收支分类科目》中支出功能分类科目的项级科目和部门预算支出经济分类科目的款级科目等进行明细核算。其他支出中如有专项资金支出，还应当按照具体项目进行明细核算。有一般公共预算财政拨款、政府性基金预算财政拨款等两种或两种以上财政拨款的事业单位，还应当在"财政拨款支出"明细科目下按照财政拨款的种类进行明细核算。其他支出的主要账务处理如下。

1. 利息支出。支付银行借款利息时，按照实际支付金额，借记本科目，贷记"资金结存"科目。

2. 对外捐赠现金资产。对外捐赠现金资产时，按照捐赠金额，借记本科目，贷记"资金结存—货币资金"科目。

3. 现金盘亏损失。每日现金账款核对中如发现现金短缺，按照短缺的现金金额，借记本科目，贷记"资金结存—货币资金"科目。经核实，属于应当由有关人员赔偿的，按照收到的赔偿金额，借记"资金结存—货币资金"科目，贷记本科目。

4. 接受捐赠（无偿调入）和对外捐赠（无偿调出）非现金资产发生的税费支出。接受捐赠（无偿调入）非现金资产发生的归属于捐入方（调入方）的相关税费、运输费等，以及对外捐赠（无偿调出）非现金资产发生的归属于捐出方（调出方）的相关税费、运输费等，按照实际支付金额，借记本科目，贷记"资金结存"科目。

5. 资产置换过程中发生的相关税费支出。资产置换过程中发生的相关税费，按照实际支付金额，借记本科目，贷记"资金结存"科目。

6. 其他支出。发生罚没等其他支出时，按照实际支出金额，借记本科目，贷记"资金结存"科目。

7. 年末，将本科目本年发生额中的财政拨款支出转入财政拨款结转，借记"财政拨款结转—本年收支结转"科目，贷记本科目下各财政拨款支出明细科目；将本科目本年发生额中的非财政专项资金支出转入非财政拨款结转，借记"非财政拨款结转—本年收支结转"科目，贷记本科目下各非财政专项资金支出明细科目；将本科目本年发生额中的其他资金支出（非财政非专项资金支出）转入其他结余，借记"其他结余"科目，贷记本科目下各其他资金支出明细科目。年末结转后，本科目应无余额。

第三章 行政事业单位采购、资产与报告决算管理

第一节 采购管理

一、政府采购业务概述

政府采购就是指国家各级政府为从事日常的政务活动或为了满足公共服务的目的,利用国家财政性资金和政府借款购买货物、工程和服务的行为。政府采购不仅是指具体的采购过程,而且是采购政策、采购程序、采购过程管理的总称,是一种关于公共采购管理的制度。

《中华人民共和国政府采购法》中所规定的政府采购,主体是各级国家机关、事业单位或团体组织,采购对象必须属于采购目录或达到限额标准。而《政府和社会资本合作项目政府采购管理办法》所规定的政府和社会资本合作项目的政府采购,在广义上是指利用财政(拨款、自有或融资)资金进行采购,对采购主体以及对采购对象是否属于集中采购目录或是否达到限额标准均无要求,或是利用社会资本进行 PPP 项目采购;在狭义上是指对货物和服务的政府采购。政府采购范围包括以下几个方面。

(一)采购主体

政府采购活动中的采购主体包括各级国家机关、事业单位和团体组织。国家机关是指依法享有国家赋予的行政权力,具有独立的法人地位,以国家预算作为独立活动经费的各级机关。事业单位是指国家为了社会公益目的,由国家机关举办或者其他组织利用国有资产举办的,从事教育、科技、文化、卫生等活动的社会服务组织。团体组织是指我国公民自愿组成,为实现会员共同意愿,按照其章程开展活动的非营利性社会组织。

(二)采购资金

采购人全部或部分使用财政性资金进行采购的,属于政府采购的管理范围。财政性资

金包括预算资金、预算外资金和政府性基金。使用财政性资金偿还的借款，视同为财政性资金。

(三) 采购内容和限额

政府采购的内容应当是依法制定的《集中采购目录》以内的货物、工程和服务，或者虽未列入《集中采购目录》，但采购金额超过了规定的限额标准的货物、工程和服务。《政府集中采购目录》和政府采购最低限额标准由国务院和省、自治区、直辖市人民政府规定。《政府集中采购目录》中的采购内容一般是各采购单位通用的货物、工程和服务，如计算机、打印机、复印机、传真机、公务车、电梯、取暖锅炉等货物，房屋修缮和装修工程，会议服务、汽车维修、保险、加油等服务。中央预算单位《政府集中采购目录》的采购内容还包括在中央部门内通用的货物、工程和服务，如防汛抗旱和救灾物资、医疗设备和器械、气象专用仪器、警用设备和用品、质检专用仪器、海洋专用仪器等。《政府集中采购目录》中的采购内容，无论金额大小都属于政府采购的范围。《政府集中采购目录》以外的采购内容，采购金额超过政府采购的最低限额标准的，也属于政府采购的范围。

分散采购限额标准。除集中采购机构采购项目和部门集中采购项目外，各部门自行采购单项或批量金额达到限额以上的货物、服务和工程项目应按《中华人民共和国政府采购法》和《中华人民共和国招标投标法》有关规定执行。政府采购货物或服务项目，单项采购金额达到限额以上的，必须采用公开招标的方式。政府采购工程公开招标数额标准按照国务院有关规定执行。

(四) 采购原则和对象

政府采购活动应遵循公开透明原则、公平竞争原则、公正原则和诚实信用原则。政府采购有货物、服务、工程三类采购对象。

(五) 采购方式

1. *公开招标*

公开招标是政府采购主要的采购方式，与其他采购方式不是并行的关系。公开招标的具体数额标准，属于中央预算的政府采购项目，由国务院规定；属于地方预算的政府采购项目，由省、自治区、直辖市人民政府规定。采购人不得将应当以公开招标方式采购的货物或者服务化整为零或者以其他任何方式规避公开招标采购。

2. 邀请招标，也称选择性招标

由采购人根据供应商或承包商的资信和业绩，选择一定数目的法人或其他组织（不能少于三家），向其发出招标邀请书，邀请他们参加投标竞争，从中选定中标的供应商。适应条件：具有特殊性，只能从有限范围的供应商处采购的；采用公开招标方式的费用占政府采购项目总价值的比例过大的。

3. 竞争性谈判

采购人或代理机构通过与多家供应商（不少于三家）进行谈判，最后从中确定中标供应商。适应条件：招标后没有供应商投标或者没有合格标的或者重新招标未能成立的；技术复杂或者性质特殊，不能确定详细规格或者具体要求的；采用招标所需时间不能满足用户紧急需要的；不能事先计算出价格总额的。根据财政部的规定，投标截止时间结束后参加投标的供应商不足三家的或在评标期间出现符合专业条件的供应商或者对招标文件做出实质响应的供应商不足三家的情形的，经报政府采购监督管理部门批准，可以采用竞争性谈判采购方式。

4. 单一来源，也称直接采购

是指达到了限额标准和公开招标数额标准，但所购商品的来源渠道单一，或属专利、首次制造、合同追加、原有采购项目的后续扩充和发生了不可预见紧急情况不能从其他供应商处采购等情况。该采购方式的最主要特点是没有竞争性。适应条件：只能从唯一供应商处采购的；发生了不可预见的紧急情况不能从其他供应商处采购的；必须保证原有采购项目一致性或者服务配套的要求，需要继续从原供应商处添购，且添购资金总额不超过原合同采购金额的百分之十。

5. 询价

是指采购人向有关供应商发出询价单让其报价，在报价基础上进行比较并确定最优供应商的一种采购方式。适应条件：当采购的货物规格、标准统一，现货货源充足且价格变化幅度小的政府采购项目，可以采用询价方式采购。

二、政府采购业务控制目标及职能分工

（一）控制目标

财政部有关行政事业单位政府采购业务控制的总目标是：以"分事行权、分岗设权、分级授权"为主线，通过制定制度、健全机制、完善措施、规范流程，逐步形成依法合规、运转高效、风险可控、问责严格的政府采购内部运转和管控制度，做到约束机制健

全、权力运行规范、风险控制有力、监督问责到位,实现对政府采购活动内部权力运行的有效制约。

具体目标有:建立健全政府采购内部管理制度,明确岗位设置及其职责,规范业务流程,严格审核审批手续;建立沟通协调机制,保障采购工作有序进行;充分审核采购预算和采购计划,采购需求合理,确保符合单位实际;选择合理的采购方式和政府采购代理机构,规范政府采购招标、投标、开标和中标流程,保证招标公开、公平,防止舞弊和腐败问题;验收标准明确,合同履行管理严格,资金支付程序合规、附件齐全,会计处理及时;政府采购信息管理合规合法,妥善保管档案资料;及时处理质疑和投诉,加强对政府采购业务的监督检查。

(二) 内部部门分工及职责

1. *领导机构（政府采购领导小组）*

政府采购领导小组是单位政府采购工作的领导机构,组长一般为单位负责人,各职能部门、业务部门负责人为其成员。主要职能是审定单位政府采购管理制度;审定单位年度政府采购预算;监督单位政府采购预算执行情况;听取和审议重大项目的招标方案、委托合同及其他重要文件;研究其他政府采购工作中的相关事项。

2. *政府采购工作小组（由各职能、业务部门的政府采购业务人员组成）*

各部门经办人员负责编制本部门采购预算和采购计划。财务部门负责初审,并依据预算批复监督各部门按照要求实施政府采购流程,根据政府采购工作需要提请领导小组召开领导小组工作会议。政府采购业务人员负责做好采购需求、招标文件起草、合同签订等具体采购标的内容;财务部门负责本单位政府采购预算控制的归口管理;相关业务部门负责验收工作。

(三) 不相容岗位分离

政府采购管理的不相容岗位包括以下内容:政府采购预算编制和执行分离;采购方式决定和执行分离;采购经办、项目技术参数的需求确定与审核分离;政府采购招标人与使用人分离;项目需求确定和评标定标分离;评标定标和签订审核采购合同岗位分离;采购合同签订审核和项目验收分离;项目验收和采购结算审批分离;付款审批与付款执行分离;政府采购政策制定与督促检查分离。

三、政府采购业务管理流程

（一）政府采购预算与计划管理

该流程包括采购预算编制、计划管理环节。财务部门定期转发政府采购监督管理部门制定的《政府采购目录》，编制本单位年度预算时，应同时提供政府采购预算。业务部门根据年度计划和实际需求，编制部门采购预算。财务部门政府采购岗位汇总本单位的采购预算，根据采购预算及内容确定采购方式，经部门负责人审核后上报分管领导、局长/院长办公会。分管领导、局长/院长办公会对单位的政府采购预算审核同意后，财务部门按要求选择代理机构。

财务部门采购岗与资产管理员、各业务部门沟通后，及时按照财政部门要求编制采购计划。采购计划包括采购项目、资金来源、数量及技术指标、采购方式、资金支付方式等内容。采购计划经部门负责人、分管领导、局长/院长办公会审批后，形成单位采购项目批准文件。财务部门采购岗通过政府采购信息系统报送采购计划。

（二）政府采购活动管理

该流程包括招标前期工作、开标及公示、签约及执行环节。业务部门根据预算批复安排提出招标工作启动申请，经相关程序审批后形成招标文件。财务部门根据项目采购预算及业务部门招标申请，召集招标公司、业务部门等召开需求协调会。业务部门提出技术需求，在规定期限内签订代理协议。业务部门协助招标代理机构依据技术需求起草和编制招标文件，业务部门对招标文件进行技术把关。政府采购领导小组对招标代理机构编制的招标文件进行审核，提出修改意见。分管政府采购工作的领导对招标文件进行审批，审批同意后，招标公司发布招标公告，单位开始组织招投标。

业务部门按照要求抽取评标专家，指定一名业务人员作为采购方专家参与评标。招标代理机构等进行招标工作，纪检、财务等部门对招标过程进行监督。分管政府采购的领导对中标结果签署确认函。招标代理机构根据确认函公示中标结果。公示结束后，招标代理机构发中标通知书，向采购方报送备案资料，包括招标文件、投标文件、评标结果和代理协议等资料。

业务部门根据招标文件会同财务、法律等部门进行合同谈判，起草项目合同，报政府采购领导小组、分管领导审批后执行合同。政府采购领导小组对项目合同进行审核。分管政府采购的领导签署合同。财务部门对政府采购过程中的招投标资料进行归档备案。

(三) 政府采购验收及资金支付

该流程包括政府采购验收、资金支付环节。业务部门组织履约，并为合同方履约提供必要的准备。财务部门负责组织相关部门、人员成立验收工作小组，进行验收。办公设备等由办公室、信息中心等部门参加，非办公设备类由使用部门、技术专家等参加。验收小组负责整个采购验收工作的组织领导。直接参与该采购项目方案制定、评审的人员不能作为负责人。验收工作小组对照政府采购合同条款和标准对每项进行验收，按照验收方案及时组织验收，填写验收单据，小组负责人签字确认并加盖单位公章，供应商签字确认并加盖公章。发现合同方有违约情况的，立即通知供应商。供应商出现违约情形，及时纠正、汇报处理。验收小组根据验收单据，编制验收报告，验收报告经小组成员签字后报送分管领导审批。财务部门按照合同约定及验收报告，及时支付采购资金。采购资金属于国库资金的，实行国库集中支付；采购资金属于单位自筹资金的，由单位自行支付。

四、政府采购业务管理风险点及内部控制措施

(一) 政府采购业务管理风险点

1. 政府采购管理组织体系风险点

政府采购制度未及时修订和完善。单位没有根据《政府采购法》建立内部配套的政府采购规章制度和流程，会导致政府采购业务没有严格按照法律法规执行，存在较大的随意性和不规范性。

未设置政府采购管理机构或岗位设置不合理、人员配备缺乏，影响单位对采购风险的控制。一是部分单位由财务部门承担着采购工作，财务部门既是采购行为的支出管理部门，也是采购的行为部门，必然会导致政府采购行为缺乏监管，容易导致腐败现象。二是缺乏对采购商品的检验部门。虽然事前对政府采购对象有着严格的质量要求，但是在具体的采购行为中没有专门的检验部门，验收质量较差。

没有建立健全的监督机制，缺乏有效的内部监督机构。内部监督机构是保证政府采购透明的关键，但是很多单位却没有建立完善的内部监督机构，导致采购行为得不到有效监督。在政府采购监管工作中只是对招标采购过程进行监管，招标前与招标后的过程并不在监管范围之内，这样就使政府采购某些环节缺乏有效监管，从而出现资金滥用或者资金浪费等问题。

单位缺乏专业的政府采购人才，导致政府采购工作无法顺利落实。我国行政事业单位政府采购的起步较晚，相关工作人员对现代政府采购业务与工作技巧还不熟悉，这会影响

政府采购工作水平与工作效率。政府采购人员不够职业化，专业素质有待提高。目前，负责行政事业单位采购的人员一般是财务人员或者是为了采购活动临时组建的采购项目小组，而按照《采购法》中的采购程序来看，采购工作牵扯到招投标、合同定制与履行以及与所购物品相关的经济贸易知识，这就需要采购人员具备以上各种业务知识并且能够熟练运用。采购人员是采购活动的中坚力量与重要组成部分，政府采购人员专业素质不高，职业性不够，在一定程度上会严重影响采购活动的规范性。

2. 政府采购预算与计划风险点

政府采购预算和计划编制不合理，政府采购、资产管理和预算编制之间缺乏沟通协调，预算编制与实际采购相互脱节。

在行政事业单位中，部分领导与预算编制人员注重决算，在一定程度上忽略了政府采购预算，这样直接导致行政事业单位预算编制滞后。单位做年度预算时，包含了政府采购预算的内容，根据采购预算安排政府采购资金，进行政府采购计划。但一些单位预算编制工作没有全面展开，造成政府采购预算内容缺失，单位预算缺乏完整性。有的单位政府采购预算编制工作全权交给单位的财务部门单独进行完成，没有与资产管理部门沟通协调，没有将需要采购的资产纳入到预算的计划中，也没有按照细化的采购项目纳入部门预算，或者对政府采购预算的编制只是进行大概的估计，造成政府采购预算与单位实际执行情况的不一致。这样就会增加采购在实际操作过程中的随意性与盲目性，失去了预算的有效控制作用，导致采购失败或者资金、资产浪费的风险。

3. 政府采购实施风险点

未对采购标的的市场进行详细的市场调查，采购需求参数不公允，采购事项未由专门的内部机构审查，采购需求内容缺乏完整性和明确性，无法保证政府采购业务的合法合规性。

采购需求文件未得到专业评估机构的评估及上级领导批准。超标准制定采购计划，采购方案超过预算，且未建立第三方机构询价机制，采购需求价格套算标准不合理，导致采购成本失控，影响正常的采购业务。

一些采购单位先斩后奏，将货物采购回单位，再按政府采购流程补办手续，使政府采购走过场，流于形式。还有的单位未按规定选择采购方式、发布采购信息，以化整为零或其他方式规避公开招标且实施自行采购。自行采购由于规模小，随意性大，不能实现集中采购的规模效益，而且容易产生违规操作，导致腐败。

没有选择具有规定资质的招标代理机构，单位与招标代理机构串通，影响采购的效率和效果。招标要素设置违反相关法律法规，对地域性和行业性等特殊事项设置歧视性和倾向性条款，存在与满足采购需求关联不大的评分标准，导致单位被提起诉讼或受到处罚，影响单位正常业务活动的开展。

4. 政府采购招投标风险点

采购招标机构人员组成不合理。部分招标代理机构资质上符合要求，但具体经办人员经验不足、专业配备不完整，导致招标时间长、招标工作质量差，影响采购项目的顺利进行。

采购代理机构采购代理行为有待规范。采购代理机构应当在采购人委托的范围内依法开展采购活动。有些采购代理机构在所代理的采购项目中为投标人参加本项目提供投标咨询或者代理制作标书、投标。采购代理机构的有关人员向他人透露已获取招标文件的潜在投标人的名称、数量等其他有关招标投标的情况，都将影响公平竞争，影响招、投标人的经济利益。

政府采购招投标监管不到位，存在腐败隐患。政府采购所能采用的方式有：公开招标、邀请招标、竞争性谈判、单一来源采购以及相关部门认定的其他采购方式，并对各种采购方式所适用的情况进行了说明。实际操作过程当中，由于监管的不到位，有些情况下，公开招标成为一种形式，采购人员与供应商之间私下利益纠缠的现象时有发生，这将导致公开招标的公开、公正、公平性大打折扣，使得公开招标这种有效方式发挥不出其应有的效用，不利于政府采购到价格合理、质量优良的货物或服务。另外，监管不到位还会导致《采购法》中所要求的采购程序中环节的缺失，任一环节的缺失或者执行不到位必将会使政府采购的积极意义大打折扣。

未按照规定要求选择评审专家，或者选择的评审专家不具有相应的专业素质、履职记录不佳，造成评标质量不高。评标管理不严格，采购单位、评标专家私自接触投标人，私下串通修改评标文件，人为修改评标结果。

部分投标人为争取中标，恶意低价竞标。一旦中标，或寄希望于招标人增加投资，或者履行合同时偷工减料、以次充好，导致单位采购质量差，财政资金使用效益差。中标公告未在规定媒体上公开，或者公告内容不全、公告期短，无法起到公众监督的作用。

5. 政府采购合同风险点

合同签订未经授权审批，对合同对方履约能力没有认真调研和审查，存在合同对方主体资格不符合要求、合同条款不严谨的情况，导致合同执行中发生纠纷，单位利益受损。采购合同履行过程中，未对合同进行有效的跟踪和监控，管理和监督不到位。造成合同管理与财务管理相分离、合同执行进度与款项支付不匹配、合同方违约等行为，影响采购工作的顺利开展。采购合同履行过程中，因客观情况发生重大变化、合同方经营状况严重恶化等重大影响时，导致合同需要变更或解除。单位未及时与合同方进行合理沟通，未能按要求订立补充合同，或变更、解除合同等；出现纠纷时，不能按合同进行协商谈判，也不注意收集相关证据为诉讼做准备，影响单位合法权益。

6. 政府采购验收和资金支付风险点

政府采购验收不到位，存在重采购结果、轻履约验收的现象。一些供应商为降低供货成本以次充好，采购单位在验收时未严把质量关，对采购支出事项也未进行审验，出现不规范的口头移交。采购单位与合同方串通谋取不当利益，如要求供应商变更采购货物内容、减少货物数量或降低服务标准。采购资金支付审核不严格，存在申请文件缺失、发票作假等现象，不按照合同约定提前进行支付资金或预付资金。缺乏必要的财务支出控制，财务记录与采购验收、库存管理等记录不符，导致单位利益受损。

7. 政府采购信息风险点

政府采购信息化建设滞后，采购透明性有待提高。政府采购方面的信息化建设相对滞后，一方面，这造成了政府与货物或服务提供商之间的信息不对称，不利于政府在更大的范围内选择更加符合要求、资质更高的供应商，进而阻碍了政府采购更加优质和性价比更高的货物与服务。另一方面，信息化建设的滞后导致各个采购部门之间的信息不畅通，重复采购、采购量与需求量不匹配的情况时有发生，不利于供需之间的均衡。同时，政府信息化建设也不利于政府采购的内部以及外部监督，缺乏相关的采购信息数据库，不利于采购信息的查询。政府采购信息公开与保密相对立，以保密为由，杜绝信息公开，影响了政府采购工作的公开透明。政府采购业务档案管理不善，信息缺失，影响政府采购信息和财务信息的真实完整等。

8. 政府采购监督评价风险点

单位未在规定时间内回复质疑和投诉，或者拒绝回复质疑和投诉，损害供应商利益，影响采购工作的公正性。评价指标不全面。目前对行政事业单位政府采购的评价主要体现在采购预算总额、年初采购预算总额等，其主要体现在对总体的把控上，而忽视了对具体的采购过程和效果的监督与衡量。评价指标的标准也不明确。在具体评价行政事业单位政府采购时缺乏具体的可操作的指标，缺乏可执行的奖罚制度，虽然将政府采购纳入到了单位的绩效考核中，但是却没有规定具体的奖罚标准，结果导致行政事业单位在具体的实施过程中存在很大的随意性。

(二) 政府采购管理内部控制措施

1. 政府采购管理体系控制

(1) 建立健全政府采购业务内部管理制度

行政事业单位在执行政府采购业务的过程中，既涉及本单位外部的相关环节与程序，也涉及本单位内部的相关环节与程序。行政事业单位应在符合国家规定的基础上，通过梳理政府采购业务流程，对本单位政府采购业务管理现状进行全面分析与评价，建立健全政府采购预算与计划管理、政府采购活动管理、政府采购验收管理等政府采购内部管理制度。这些政府采购内部管理制度主要明确以下内容：政府采购业务管理机构和相关岗位的设置及其职责权限；政府采购业务的工作流程；政府采购业务相关的审批权限和审批责任；政府采购业务相关的检查责任。

科学制定政府采购预算管理制度。政府采购预算管理制度是规范我国行政单位政府采购行为的基础准则，为行政事业单位政府采购标准与系统化建设提供了依据。行政事业单位要注重制定政府采购预算制度的科学性、合理性、完善性以及实用性。首先，单位应依据国家制定的相关政策方针，结合各部门实际情况进行合理编制。其次，在编制过程中，应依据政策采取统一的预算标准，包括预算表格、预算计量方式、预算数据处理程序等，用以促进各部门预算管理协同性，强化部门间的有效沟通与数据信息共享。此外，在制度编制过程中，应保证预算管理项目的全面性与实用性，其内容不仅需要涉及各项财政支出，也需涵盖一定的预算项目规划、资金成本管理等。

(2) 合理设置政府采购业务管理机构和岗位

由于行政事业单位的政府采购业务规模、内外环境等因素各不相同，各个单位政府采购管理组织体系的具体设置也有所不同，但一般情况下都应当包括政府采购业务决策机构、政府采购业务实施机构及政府采购业务监督机构。

行政事业单位可以成立本单位的政府采购领导小组或委员会，作为专门履行本单位政府采购管理职能的决策机构。政府采购领导小组或委员会在本单位政府采购业务管理组织体系中处于领导核心地位，其成员由单位领导、政府采购归口部门、财会部门和相关业务部门的负责人组成。作为本单位政府采购业务决策机构，政府采购领导小组或委员会应当履行以下主要职能：审定政府采购内部管理制度；研究决定重大政府采购事项，审定政府采购预算和计划；协调解决政府采购业务执行中的重大问题；其他相关决策事宜。

行政事业单位的政府采购实施机构包括政府采购归口部门、财会部门以及相关业务部门。相关业务部门是行政事业单位政府采购申请的提出部门，具体承担的工作包括：申报本部门的政府采购预算建议数；依据本单位内部审批下达的政府采购预算，结合实际工作需要编制政府采购计划，提出政府采购申请；对政府采购文件进行确认，对有异议的政府采购文件进行调整、修改；提出采购资金支付申请。

政府采购业务部门或者指定政府采购归口管理部门承担以下职责：拟定政府采购内部管理制度，并根据有关规定及时修订；汇总审核本单位各业务部门提交的政府采购预算建议数、政府采购计划、政府采购申请；按照有关规定确定政府采购组织形式和政府采购方式；组织处理政府采购纠纷；对政府采购信息进行统计和分析；做好政府采购领导小组或委员会交办的其他工作。

财会部门负责本单位政府采购的预算管理及政府采购资金的支付，主要职责包括：负责汇总编制本单位政府采购预算、计划，报有关部门批准后，下达各业务部门执行；及时转发有关规定及政府采购相关信息；复核政府采购支付申请手续，办理相关资金支付；依据规定，对政府采购业务进行账务处理；与政府采购部门沟通，核对采购业务的执行和结算情况。

行政事业单位政府采购要由统一的部门进行集中管理，政府采购管理部门的设置一定要结合单位的实际情况，并且考虑到政府采购的专业程度，比如对复杂采购行为要设置独立的采购管理机构，而对于采购行为简单、资金不高的则可以由本单位的财务人员以及物资管理部门共同组成。行政事业单位政府采购通过政府采购中心可以保证采购项目的质量，而且有助于降低公共财政资金的支出。另外行政事业单位也要积极依托信息平台，实现政府采购管理的科学化。行政事业单位在进行采购之前，要先将采购信息发布到统一的平台中，以便各个供应商可以了解到采购信息，进而让更多的供应商参与到竞争中，给政府采购提供更多的选择。同时通过信息平台还可以实现政府采购行为的透明化与公开化。

行政事业单位的政府采购监督部门通常为内部审计部门，其主要职责为：监督检查业务部门和政府采购部门执行采购法律法规的情况，参与政府采购业务质疑投诉答复的处理。

（3）建立健全有效的政府采购监督机制

加大政府采购的内部监管力度，完善监督体系。充分发挥行政事业单位政府采购的有效性，必须加大政府采购的监督力度。要通过内部控制明确政府采购整个流程中的关键风险点，制定风险应对策略。健全政府采购的监督人员团队，利用不相容岗位相互分离、授权审批等内部控制方式，充分发挥内部监督的作用。一是对政府采购的流程、采购方式做出明确的规定。明确采购工作分工，确定各自的职责。二是制定科学合理的资金使用计划，进一步完善采购业务的审核程序，完善对相应实现机制的监督管理，将商品的采购、验收、付款三个环节有效分离开来。完整保留采购过程的相关资料，以备内部审计进行核实，同时避免采购人员与审计人员的职责交叉，切实落实不相容岗位相互分离。

促进政府采购审批部门、财政部门、审计部门、社会纪检部门等之间的合作监督，用以保证政府采购政策执行的公正性、公开性、公平性，避免重复采购、过度采购、无章采购等问题的发生。此外，可以通过开通热线或者利用新媒体实现电子政务的公开，实行政府采购的透明化，随时接受人民群众的监督，从而避免政府采购存在的诸多问题。

（4）加强政府采购队伍人才建设

行政事业单位缺乏政府采购人才是阻碍政府采购工作进步与发展的关键因素之一，相关部门要加大政府采购人员的培训力度。根据行政事业单位政府采购工作的实际情况，制定具体的培训方案，通过各种形式的培训提升政府采购人员的专业素质以及工作技能水平。全面推进政府采购人员职业化，实行行业准入制度。推行政府采购职业资格，政府采购人员需要持证上岗，并且上岗之后，加强持续教育，保持专业知识的持续更新、业务技能的持续提升，实现采购人员的职业资格管理与持续教育制度化、规范化。制定采购机构考核方法，明确采购人员岗位任职资格要求，严格按照相关规定做好采购机构人员考核工作，打造一支高素质、高水平的政府采购工作人员队伍，提升政府采购工作质量。

行政事业单位也要注重政府采购预算管理人才队伍的培养，避免"任人唯亲"等现象的产生。针对内部管理工作人员专业技能低下、业务知识与素养不足等问题，单位通过优秀人才应聘、内部工作人员定期培训、外出经验交流学习、人才梯队培养模式构建等手段，挖掘专业人才，提升工作人员整体专业素养，从而构建完善的高素质与高职能的政府采购预算管理人才队伍。

2. 政府采购业务预算与计划的管理控制

（1）增强政府采购预算管理意识，提升预算管理水平

行政事业单位管理人员应注重自身预算管理理念与知识的强化，遵守《预算法》《政府采购法》等相关法律法规，杜绝采购违法违规行为的发生，并通过定期开展宣传活动，提升单位内部整体对政府采购预算管理的重视程度，从而为行政事业单位政府采购的预算管理提供良好的发展环境。

编制需求计划是政府采购活动的起点。采购需求制定环节若不规范，就会使采购需求偏离实际，偏离政府采购公开、公平、公正的原则。政府采购的需求影响了采购活动的实际走向。对采购需求的控制措施为：部门负责人对各业务部门制定的采购需求进行讨论与细化后，再提请政府采购部门审核。审核要求为是否按照政府采购目录和金额的规定，是否符合政府采购的标准。

加强政府采购预算编制管理。单位应当按照"先预算、后计划、再采购"的工作原则，根据本单位实际需求和相关标准全面编制政府采购预算。采购预算的编制内容包括采

购项目、实施采购的时间、采购的名称、数量金额、资金来源等。在编制采购预算时，要保证每项采购预算均有资金来源，且没有超过规定的标准。同时，编制预算不能凭空想象、拍脑袋决策，要进行市场调研。对技术复杂的项目，可以聘请专家或其他社会专业机构来确保预算的合理性。

推行与细化部门预算编制，严格按照采购限额标准等相关规定对采购项目进行细化核算。一是在编制政府采购预算时要对采购项目进行准确的分析与定位，根据不同类型的采购项目进行分类，尤其是要做好前期的市场调查，了解采购项目的市场平均价格，以此将预算确定在最合理、最有效的区域范畴中。同时在进行预算追加时一定要以公开的形式进行确认，并且要做好登记。二是要提高政府采购预算人员的预算编制意识，提高他们的职业道德素质，杜绝出现腐败现象。三是要加强对政府采购预算使用的监管，有关部门要加强对事业单位政府采购行为的监督，尤其是对预算追加项目进行严格的监督，避免出现腐败问题。此外，在采购预算编制时，要加强预算编制、政府采购和资产管理部门之间的沟通，使政府采购预算能够满足本单位各项业务工作计划的需要，避免出现重复购置、浪费资金或未能购置等影响业务工作开展的情形。

在采购预算的审核阶段，要重点关注采购项目是否符合政府规范要求、采购方式是否符合法律法规、采购时间是否能按时进行、采购价格是否符合市场、资金来源是否准确合理、预算的编制方法是否先进。同时，采购需求的制定与审核应由不同人员负责。在采购预算执行时，要对预算执行监督与跟踪，不能随意变更预算。

（2）根据批准的政府采购预算编制采购实施计划，不得组织实施无采购预算的政府采购项目

预算执行中部门预算资金变动（包括追加、核减或调整结构）需要相应调整政府采购预算的，应按照部门预算变动的有关程序和规定办理，不得随意变更或变通采购预算，要实现预算控制计划，计划控制采购，采购控制支付。单位各业务部门、资产管理部门、采购部门与财务部门要加强沟通协调，对单位资产进行合理的配置，促进预算编制更加科学化、合理化，提高财政资金使用效益。

编制政府采购计划时，采购计划的内容必须详尽，编制内容应包括采购品目、采购数量以及规格型号等。业务部门编制政府采购计划时，应当注意：一是政府采购计划应当在批复的政府采购预算范围内，依据本部门的政府采购需求进行编制，完整反映政府采购预算的落实情况；二是政府采购预算中的采购项目数量应当和采购资金来源相对应，不得编制资金尚未落实的政府采购计划；三是在编制政府采购计划时，应当注重政府采购的规模效益，同一季度内对同一采购品目尽量不安排两次以上采购计划；四是业务部门不得将应当以公开招标方式采购的货物或者服务化整为零，或者以其他任何方式、理由规避公开招

标采购。采购计划编制完成后，同部门预算一起上报同级财政部门进行审核。

政府采购计划的审核。行政事业单位的业务部门在提出政府采购计划后，政府采购业务部门应当对政府采购计划的合理性进行审核，主要包括：一是政府采购计划所列的采购事项是否已列入采购预算；二是是否与业务部门的工作计划和资产存量相适应；三是是否与资产配置标准相符；四是专业性设备是否附有有相关技术部门的审核意见。财会部门应当就政府采购计划是否在采购预算指标的额度之内进行审核。

政府采购计划的审批。经审核的政府采购计划按照程序和规定的审批权限审批后，应当下达给政府采购业务部门，作为业务部门办理采购业务的依据。

3. 政府采购实施控制

做好采购可行性论证，合理确定采购需求。按照"先预算，后计划，再采购"的工作流程，各单位应对采购标的的市场技术、服务、价格等情况进行市场调查，根据调查结果合理编制采购需求。采购需求内容应该完整明确，具体包括采购标的物执行的相关标准、实现功能或目标、相关质量安全性能要求、数量、其他技术要求等。单位在设备采购前要充分做好可行性、经济合理性论证，以保证采购的设备质优价廉和高效运行。对因前期论证不充分、论证流于形式，导致设备闲置、效率不高的行政事业单位，财政等有关部门应追究相关人员的责任。

政府采购的申请与复核。提出政府采购需求的业务部门，应当以批复的政府采购预算指标和下达的政府采购计划为依据，提出政府采购申请，在申请文件中列明政府采购项目名称和政府采购金额、资金来源、需求登记日期等要素。采购需求的业务部门相关人员在对申请进行复核时，需关注：一是采购申请是否有预算指标；二是是否适应当期的业务工作需要，是否符合当期的政府采购计划；三是政府采购申请文件是否完整等。

政府采购业务部门的审核。政府采购业务部门收到业务部门提交的政府采购申请后，应当对采购申请进行审核。审核的重点有以下四个方面：一是政府采购项目是否符合当期的政府采购计划；二是政府采购成本是否控制在政府采购预算指标额度之内；三是经办人员是否履行了初步市场价格调查，政府采购需求参数是否接近市场公允参数，是否存在"排他性"的参数；四是政府采购组织形式和政府采购方式的选取是否符合国家有关的规定。对政府采购进口产品、变更政府采购方式等事项应当加强内部审核，严格履行审批手续。

对不符合规定的采购申请，单位及政府财政部门应要求请购部门调整采购内容或拒绝批准。对于建设项目、大宗专用设备采购等重大项目采购，应聘请专业的评估机构对需求文件进行评审。

按照要求，选择合理的政府采购组织形式，单位不得以瞒报、分拆项目等手段规避政府采购程序。纳入集中采购目录的政府采购项目，采购单位委托集中采购机构代理采购；未纳入集中采购目录的政府采购项目，采购单位可以自行采购，也可以委托集中采购机构代理采购。采购单位依规与集中政府采购代理机构签订委托代理协议，明确采购项目、采购数量、金额、时限和方式。

4. 政府采购招投标控制

（1）招投标环节，要规范招标文件

招标文件应公平、公正地制定，应专门设立部门与业务部门共同协作制定，或选择招标代理机构制定。招标文件内容包括：招标邀请、投标人须知、投标人提交资料、资信证明文件、投标文件编制要求、投标报价要求（其中采购项目预算，有最高限价的，还应公布最高限价）；项目技术规格、数量、服务要求；交货或提供服务时间；评标方法、标准及无效情况；投标有效期；投标截止时间、开标时间及地点；保证金缴纳方式等。

在制定完成后，要经过审核确认的程序。先通过业务部门确认，再经过政府采购部门，最后由授权部门审批。在重要事项中，不能只由单位负责人单独审批，应该采取集体决策、会签制度。在审查中，要紧抓招标文件的合法合规性。同时，经办与审核要采取不相容岗位相分离的控制方法。对于关键岗位要建立准入、轮岗、培训、奖惩的管理制度，保证内控执行到位，减小互相勾结的可能性。对透露标底等行为进行严肃惩戒。招投标信息的一个重要流程是"公告关"。政府采购的招标信息应内部公开，同时对社会公开。对于招标代理机构确定、招标文件等的公开，有利于内外部监督。不是只简单公布招投标结果，而是公开事前、事中、事后情况。

（2）政府采购投标环节

供应商投标前，如果招标人要求进行资格预审，招标人要及时公告和发售资格预审文件。资格预审合格，发布预审通知，进入投标前准备阶段；投标人应该认真研究招标文件内容，按要求编制投标文件，不应对招标文件要求的格式进行更改。编制完成投标文件后，应在规定期限内密封送达投标地点，并按照要求缴纳投标保证金。

（3）政府采购开标环节

开标由招标采购人、投标人、监督人参加，遵循验标、开标、唱标的程序进行。有效投标人不足3家的，不得进行开标。开标过程应当有采购人或采购代理机构负责记录，由参加开标的投标人代表、监督人员和相关工作人员签字后存档。投标人对开标过程及记录有疑问或质疑，应当场提出。采购人、代理机构应对投标人提出的询问、质疑及时处理。

（4）政府采购评标环节

评标工作由采购人负责组织，招标代理机构依法组建评标委员会。评标委员会有采购人代表、评标专家，成员应当为 5 人以上单数。采购人或者采购代理机构应当在财政部门设立的政府采购评审专家库中，通过随机方式抽取评标专家。评标专家不得参加与自己有利害关系的政府采购项目的评审工作。采购人应结合项目特点选择最低评标价法、综合评分法开展评标，评标步骤包括复合型检查、澄清有关问题、比较与评价、推荐中标候选人、编写评标报告。

（5）政府采购中标环节

采购代理机构应当在评标结束后 2 个工作日将评标报告送达采购人。采购人自接到评标报告之日起 5 个工作日内，按评标报告推荐顺序确定中标人。采购人也可以事前授权评标委员会直接确定中标人。采购人或其代理机构按要求在指定媒体上公布中标结果，同时向中标人发出中标通知书，向未中标人发出招标结果通知书。

5. 政府采购合同控制

在合同拟定时，要保证合同双方权利、义务对等，同时，与招标文件、投标文件内容一致。在合同中，要对货物规格、质量、价格、到货时间、售后服务等条款进行具体的设立，不得有表述不清的项目；在审核修订时，不得改变合同其他条款，对有需要补充的内容须为同一类项目，比例不得过大；在合同履行时，要建立合同履行报告监督管理机制，业务部门要按照合同履约进度表实施项目管理，确定合同履约情况报告给管理部门。若有追加补充合同，也要在履行时同样监督其流程与授权管理。对于分析评估与合同履行总体情况存在较大差异时，要及时汇报，制定改进意见。在合同履行过程中，发现条款有误，存在欺诈风险或因政策、市场的变化引起的利益受损，要及时报告上级部门。同时，健全合同履行考核与责任追究制度，做到责任到人。

6. 政府采购验收控制

确定验收方式。货物、服务和工程类的政府采购验收应当按照采购组织方式进行：采购人依法自行组织采购的，由采购人按照政府采购合同约定自行组织验收；采购人依法委托政府采购代理机构组织采购的，由采购人或委托的政府采购代理机构按照政府采购合同约定组织验收；大型或者复杂的政府采购项目，由采购人或其委托的政府采购代理机构邀请国家认可的质量检测机构办理验收。

组建验收小组。验收小组可以由采购人代表、政府采购代理机构和相关领域的技术专家组成，对供应商的商品、服务进行验收，复杂的采购项目，应借助专家或其他质量检测机构的帮助。但是直接参与该项政府采购组织实施活动的工作人员不得作为验收工作的主要负责人。验收小组应当根据政府采购合同协议、供应商发货单等文件，对所采购货物、服务或工程的品种、规格、数量、质量、技术要求等进行验收。验收小组要及时报告验收过程中发现的异常情况，并查明原因，按照规定要求退货或折扣。

出具验收证明。验收工作结束后，验收小组应当出具验收证明。参与验收工作的相关人员应于验收工作完成后在验收证明上签署验收意见，验收单位应当加盖公章，以落实验收责任。验收证明应当作为申请支付政府采购资金的必要文件。

7. 政府采购付款控制

单位应按照合同约定及时支付采购资金。支付申请文件包括资金支付申请表、发票、中标通知书。首次申请支付还要提供合同和验收证明。在采购付款环节，财务部门的控制内容主要有：一是审核原始凭证的真实性、合法性和有效性；二是核对验收报告、入库单及发票；三是提交上级部门审核，获取付款授权。要特别关注是否存在超合同、超进度付款，是否存在挪用采购资金现象及有关票据是否与预算、招投标文件等信息相一致。

8. 政府采购信息管理的控制

加快政府采购信息化建设。全面推进政府采购网上公开信息系统建设，提升系统用户操作的便利性和实用性，通过系统固化法定采购流程、审核审查标准和时限要求，科学设置提示性及约束性预警，实现所有采购活动有记录、有痕迹、可追溯、可跟踪。实现政府采购网上公开信息系统与财政预算管理系统、国库支付系统以及省权力运行网上公开电子监察平台对接，逐步实现政府采购项目全过程电子化操作和监督管理。建立以财政监督为主，行政、司法、社会监督相结合的全方位监督机制，形成有效而严密的内外部的监督网，切实加强对采购人、采购代理机构、评审专家和供应商的监督，有效防止"串标""流标"现象和"豆腐渣"工程。

行政事业单位内部组建统一的、信息共享的软件系统，将历年各个部门的采购数据录入其中。信息共享有利于单位提高预算编制的准确性与有效性，有效避免重复采购；也可为相关管理部门提供监督管理依据，降低政府采购数据不准确问题的发生，提升采购效率与管理预算质量。

加强对政府采购业务的记录控制，有利于全面记录、反映政府采购业务的全过程，促使政府采购业务相关工作人员自觉依法履行职责。政府采购业务部门应当定期对政府采购业务信息进行分类统计，与本单位的资产管理部门和财会部门定期核对信息，并在采购人内部通报政府采购预算的执行情况、政府采购业务的开展情况等信息，及时解决政府采购业务中存在的问题，实现政府采购业务在采购人内部的公开透明。

行政事业单位在政府采购内部控制制度中，应当明确规定涉密政府采购项目的信息管理职责，要求工作人员未经允许不得向无关人员透露政府采购信息。对于涉密政府采购项目，行政事业单位应当与相关供应商或采购中介机构签订保密协议或者在合同中设定保密条款，通过这种方式强化供应商或采购中介机构的保密责任，从而加强对涉密政府采购项目的安全保密控制。

9. 政府采购监督评价控制

行政事业单位在政府采购内部管理制度中，应当明确规定质疑投诉答复工作的职责权限和工作流程。

加大政府采购的监管力度，完善监督体系。要通过内部控制明确政府采购整个流程中的关键风险点，制定风险应对策略。健全政府采购的监督人员团队，善于利用不相容岗位相互分离、签名界定责任等内部控制方式，充分发挥内部监督的作用。在政府采购活动中建立政府采购、资产管理、财务、内部审计、纪检监察等部门或岗位相互协调、相互制约的机制。一是对政府采购的流程、采购方式做出明确的规定。明确采购工作分工，确定各自职责。二是制定科学合理的资金使用计划，进一步完善采购业务的审核程序，完善对相应实现机制的监督管理。将商品的采购、验收、付款三个环节有效分离开来，财务部门负责审核、批准采购计划，但不直接参与具体的采购业务，而采购部门主要负责组织招标等采购工作，但无权支付货款，采购实体不直接参与采购业务，但有最后的验收签单权利，如此实现财务部门、采购中心和采购实体的相互制约。三是完整保留采购过程的相关资料，以备内部审计进行核实，同时避免采购人员与审计人员的职责交叉，切实落实不相容岗位相互分离。另外，除了内部监督之外，可以通过开通热线或者利用新媒体实现信息公开，实现政府采购的透明化，随时接受社会监督，避免政府采购存在的诸多问题。

建立完善的行政事业单位政府采购评估体系是促进政府采购制度的有效措施。要将绩效管理的理念融入政府采购行为中，建立政府采购衡量指标体系，并且将绩效评价结果运用到财政管理、预算安排、采购监督工作中，促进部门改善政府采购管理，优化资源配置，提高财政资金使用效益。制定政府采购绩效评价指标体系，应依据《政府采购法》及相关法规，将要评价的要素分解成若干个具体指标，通过对指标的系统性、科学性评价，构成一个完整的指标体系。

第二节　资产管理

一、流动资产

（一）货币资金

行政事业单位核算的货币资金包括库存现金、银行存款、零余额账户用款额度和其他货币资金。行政事业单位应当加强货币资金的核查控制，指定不办理货币资金业务的会计人员定期和不定期抽查盘点库存现金，核对银行存款余额，抽查银行对账单、银行日记账及银行存款余额调节表，做到账实相符、账账相符。

1. 库存现金

库存现金是指行政事业单位在预算执行过程中为保证日常开支需要而存放在财务部门的现金。行政事业单位应当设置"库存现金"总账科目核算行政事业单位的各项现金收支业务，并严格按照国家有关现金管理的规定收支现金。本科目期末借方余额反映行政事业单位实际持有的库存现金。本科目应当设置"受托代理资产"明细科目，核算行政事业单位受托代理、代管的现金。

行政事业单位应当设置库存现金日记账，由出纳人员根据收付款凭证，按照业务发生顺序逐笔登记。每日终了，应当计算当日的现金收入合计数、现金支出合计数和结余数，并将结余数与实际库存数核对，做到账款相符。每日账款核对中发现有待查明原因的现金短缺或溢余的，应当通过"待处理财产损溢"科目核算。属于现金溢余的，应当按照实际溢余的金额，借记本科目，贷记"待处理财产损溢"科目；属于现金短缺的，应当按照实际短缺的金额，借记"待处理财产损溢"科目，贷记本科目。待查明原因后及时进行账务处理，具体内容参见"待处理财产损溢"科目。行政事业单位有外币现金的，应当分别按照人民币、外币种类设置库存现金日记账进行明细核算。

2. 银行存款

银行存款是指行政事业单位存入银行或者其他金融机构的各种存款。行政事业单位应当设置"银行存款"总账科目核算行政事业单位存入银行或者其他金融机构的各种存款的各项收支业务，应当严格按照国家有关支付结算办法的规定办理银行存款收支业务。本科目期末借方余额反映行政事业单位实际存放在银行或其他金融机构的款项。本科目应当设置"受托代理资产"明细科目，核算行政事业单位受托代理、代管的银行存款。

行政事业单位发生外币业务的，应当按照业务发生当日的即期汇率，将外币金额折算为人民币金额记账，并登记外币金额和汇率。期末，各种外币账户的期末余额应当按照期末的即期汇率折算为人民币，作为外币账户期末人民币余额。调整后的各种外币账户人民币余额与原账面余额的差额，作为汇兑损益计入当期费用。

行政事业单位应当按照开户银行或其他金融机构、存款种类及币种等，分别设置银行存款日记账，由出纳人员根据收付款凭证，按照业务的发生顺序逐笔登记，每日终了应结出余额。银行存款日记账应定期与银行对账单核对，至少每月核对一次。月度终了，行政事业单位银行存款日记账账面余额与银行对账单余额之间如有差额，应当逐笔查明原因并进行处理，按月编制银行存款余额调节表，调节相符。

3. 零余额账户用款额度

零余额账户用款额度是指实行国库集中支付的行政事业单位根据财政部门批复的用款计划收到和支用的零余额账户用款额度。行政事业单位应设置"零余额账户用款额度"总账科目核算实行国库集中支付的单位根据财政部门批复的用款计划收到和支用的零余额账户用款额度。本科目期末借方余额反映单位尚未支用的零余额账户用款额度。年末注销单位零余额账户用款额度后，本科目应无余额。零余额账户用款额度的主要账务处理如下。

（1）收到额度。行政事业单位收到《财政授权支付到账通知书》时，根据通知书所列金额，借记本科目，贷记"财政拨款收入"科目。

（2）支用额度。①支付日常活动费用时，按照支付的金额，借记"业务活动费用""单位管理费用"等科目，贷记本科目。②购买库存物品或购建固定资产，按照实际发生的成本，借记"库存物品""固定资产""在建工程"等科目，按照实际支付或应付的金额，贷记本科目、"应付账款"等科目。③从零余额账户提取现金时，按照实际提取的金额，借记"库存现金"科目，贷记本科目。

（3）因购货退回等发生财政授权支付额度退回的，按照退回的金额，借记本科目，贷记"库存物品"等科目。

（4）年末，根据代理银行提供的对账单作注销额度的相关账务处理，借记"财政应返还额度—财政授权支付"科目，贷记本科目。年末，行政事业单位本年度财政授权支付预算指标数大于零余额账户用款额度下达数的，根据未下达的用款额度，借记"财政应返还额度—财政授权支付"科目，贷记"财政拨款收入"科目。

下年初，行政事业单位根据代理银行提供的《上年度注销额度恢复到账通知书》作恢复额度的相关账务处理，借记本科目，贷记"财政应返还额度—财政授权支付"科目。行政事业单位收到财政部门批复的上年未下达零余额账户用款额度，借记本科目，贷记"财政应返还额度—财政授权支付"科目。

4. 其他货币资金

其他货币资金是指行政事业单位除库存现金、银行存款和零余额账户用款额度之外的其他各种货币资金，包括外埠存款、银行本票存款、银行汇票存款、信用卡存款等。行政事业单位应设置"其他货币资金"总账科目核算单位的外埠存款、银行本票存款、银行汇票存款、信用卡存款等各种其他货币资金。本科目期末借方余额反映单位实际持有的其他货币资金。本科目应当设置"外埠存款""银行本票存款""银行汇票存款""信用卡存款"等明细科目，进行明细核算。

行政事业单位应当加强对其他货币资金的管理，及时办理结算，对于逾期尚未办理结算的银行汇票、银行本票等，应当按照规定及时转回，并按照上述规定进行相应账务处理。

（二）财政应返还额度

财政应返还额度是指实行国库集中支付的行政事业单位应收财政返还的资金额度。行政事业单位应当设置"财政应返还额度"总账科目核算实行国库集中支付的行政事业单位应收财政返还的资金额度，包括可以使用的以前年度财政直接支付资金额度和财政应返还的财政授权支付资金额度。本科目期末借方余额反映行政事业单位应收财政返还的资金额度。本科目应当设置"财政直接支付""财政授权支付"两个明细科目进行明细核算。财政应返还额度的主要账务处理如下。

1. 财政直接支付

年末，行政事业单位根据本年度财政直接支付预算指标数大于当年财政直接支付实际发生数的差额，借记本科目（财政直接支付），贷记"财政拨款收入"科目。行政事业单位使用以前年度财政直接支付额度支付款项时，借记"业务活动费用""单位管理费用"等科目，贷记本科目（财政直接支付）。

2. 财政授权支付

年末，根据代理银行提供的对账单作注销额度的相关账务处理，借记本科目（财政授权支付），贷记"零余额账户用款额度"科目。行政事业单位本年度财政授权支付预算指标数大于零余额账户用款额度下达数的，根据未下达的用款额度，借记本科目（财政授权支付），贷记"财政拨款收入"科目。

下年年初，行政事业单位根据代理银行提供的《上年度注销额度恢复到账通知书》作恢复额度的相关账务处理，借记"零余额账户用款额度"科目，贷记本科目（财政授权支付）。行政事业单位收到财政部门批复的上年未下达零余额账户用款额度，借记"零余额账户用款额度"科目，贷记本科目（财政授权支付）。

（三）应收及预付款项

应收及预付款项是指行政事业单位在开展业务活动中形成的各项债权，包括应收票据、应收账款、预付账款、其他应收款、坏账准备等。其中，行政单位不设置应收票据、应收账款和坏账准备等科目。

1. 应收票据

应收票据是指事业单位因开展经营活动销售产品、提供有偿服务等而收到的商业汇票，包括银行承兑汇票和商业承兑汇票。事业单位应当设置"应收票据"总账科目来核算事业单位因开展经营活动销售产品、提供有偿服务等而收到的商业汇票业务。本科目期末借方余额，反映事业单位持有的商业汇票票面金额。本科目应当按照开出、承兑商业汇票的单位等进行明细核算。应收票据的主要账务处理如下。

（1）因销售产品、提供服务等收到商业汇票，按照商业汇票的票面金额，借记本科目，按照确认的收入金额，贷记"经营收入"等科目。

（2）持未到期的商业汇票向银行贴现，按照实际收到的金额（即扣除贴现息后的净额），借记"银行存款"科目，按照贴现息金额，借记"经营费用"等科目，按照商业汇票的票面金额，贷记本科目（无追索权）或"短期借款"科目（有追索权）。附追索权的商业汇票到期未发生追索事项的，按照商业汇票的票面金额，借记"短期借款"科目，贷记本科目。

（3）将持有的商业汇票背书转让以取得所需物资时，按照取得物资的成本，借记"库存物品"等科目，按照商业汇票的票面金额，贷记本科目，如有差额，借记或贷记"银行存款"等科目。

（4）商业汇票到期时，应当分别按以下情况处理。①收回票款时，按照实际收到的商业汇票票面金额，借记"银行存款"科目，贷记本科目。②因付款人无力支付票款，收到银行退回的商业承兑汇票、委托收款凭证、未付票款通知书或拒付款证明等，按照商业汇票的票面金额，借记"应收账款"科目，贷记本科目。

事业单位应当设置应收票据备查簿，逐笔登记每一应收票据的种类、号数、出票日期、到期日、票面金额、交易合同号和付款人、承兑人、背书人姓名或单位名称、背书转让日、贴现日期、贴现率和贴现净额、收款日期、收回金额和退票情况等。应收票据到期结清票款或退票后，应当在备查簿内逐笔注销。

2. 应收账款

应收账款是指事业单位因提供服务、销售产品等应收取的款项，以及因出租资产、出售物资等应收取的款项。事业单位应当设置"应收账款"总账科目核算应收账款业务。本科目期末借方余额反映事业单位尚未收回的应收账款。本科目应当按照债务单位（个人）进行明细核算。应收账款的主要账务处理如下。

（1）应收账款收回后不需上缴财政。事业单位发生应收账款时，按照应收未收金额，借记本科目，贷记"事业收入""经营收入""租金收入""其他收入"等科目。

（2）应收账款收回后需上缴财政。事业单位出租资产发生应收未收租金或出售物资发生应收未收款项时，按照应收未收金额，借记本科目，贷记"应缴财政款"科目。

收回应收账款时，按照实际收到的金额，借记"银行存款"等科目，贷记本科目。

事业单位应当于每年年末，对收回后不需上缴财政的应收账款进行全面检查，如发生不能收回的迹象，应当计提坏账准备。对于账龄超过规定年限、确认无法收回的应收账款，按照规定报经批准后予以核销。按照核销金额，借记"坏账准备"科目，贷记本科目。核销的应收账款应在备查簿中保留登记。已核销的应收账款在以后期间又收回的，按照实际收回金额，借记本科目，贷记"坏账准备"科目；同时，借记"银行存款"等科目，贷记本科目。

此外，行政事业单位应当于每年年末，对收回后应当上缴财政的应收账款进行全面检查。对于账龄超过规定年限、确认无法收回的应收账款，按照规定报经批准后予以核销。按照核销金额，借记"应缴财政款"科目，贷记本科目。核销的应收账款应当在备查簿中保留登记。已核销的应收账款在以后期间又收回的，按照实际收回金额，借记"银行存款"等科目，贷记"应缴财政款"科目。

3. 预付账款

预付账款是指行政事业单位按照购货、服务合同或协议规定预付给供应单位（个人）的款项，以及按照合同规定向承包工程的施工企业预付的备料款和工程款。行政事业单位应当设置"预付账款"总账科目核算行政事业单位预付款项业务。本科目期末借方余额反映行政事业单位实际预付但尚未结算的款项。本科目应当按照供应单位（个人）及具体项目进行明细核算；对于基本建设项目发生的预付账款，还应当在本科目所属基建项目明细科目下设置"预付备料款""预付工程款""其他预付款"等明细科目，进行明细核算。预付账款的主要账务处理如下。

（1）根据购货、服务合同或协议规定预付款项时，按照预付金额，借记本科目，贷记"财政拨款收入""零余额账户用款额度""银行存款"等科目。

（2）收到所购资产或服务时，按照购入资产或服务的成本，借记"库存物品""固定资产""无形资产""业务活动费用"等相关科目，按照相关预付账款的账面余额，贷记本科目，按照实际补付的金额，贷记"财政拨款收入""零余额账户用款额度""银行存款"等科目。

（3）根据工程进度结算工程价款及备料款时，按照结算金额，借记"在建工程"科目，按照相关预付账款的账面余额，贷记本科目，按照实际补付的金额，贷记"财政拨款收入""零余额账户用款额度""银行存款"等科目。

（4）发生预付账款退回的，按照实际退回金额，借记"财政拨款收入—本年直接支付""财政应返还额度—以前年度直接支付""零余额账户用款额度""银行存款"等科目，贷记本科目。

行政事业单位应当于每年年末，对预付账款进行全面检查。如果有确凿证据表明预付账款不再符合预付款项性质，或者因供应单位破产、撤销等原因可能无法收到所购货物、服务的，应当先将其转入其他应收款，再按照规定进行处理。将预付账款账面余额转入其他应收款时，借记"其他应收款"科目，贷记本科目。

4. 其他应收款

其他应收款是指行政事业单位除财政应返还额度、应收票据、应收账款、预付账款、应收股利、应收利息以外的其他各项应收及暂付款项，如职工预借的差旅费、已经偿还银行尚未报销的本单位公务卡欠款、拨付给内部有关部门的备用金、应向职工收取的各种垫付款项、支付的可以收回的订金或押金、应收的上级补助和附属单位上缴款项等。行政事业单位应当设置"其他应收款"总账科目核算行政事业单位的其他应收及暂付款项业务。本科目期末借方余额反映单位尚未收回的其他应收款。本科目应当按照其他应收款的类别及债务单位（个人）进行明细核算。其他应收款的主要账务处理如下。

（1）发生其他各种应收及暂付款项时，按照实际发生金额，借本科目，贷记"零余额账户用款额度""银行存款""库存现金""上级补助收入""附属单位上缴收入"等科目。

（2）收回其他各种应收及暂付款项时，按照收回的金额，借记"库存现金""银行存款"等科目，贷记本科目。

（3）单位内部实行备用金制度的，有关部门使用备用金以后应当及时到财务部门报销并补足备用金。财务部门核定并发放备用金时，按照实际发放金额，借记本科目，贷记"库存现金"等科目。根据报销金额用现金补足备用金定额时，借记"业务活动费用""单位管理费用"等科目，贷记"库存现金"等科目，报销数和拨补数都不再通过本科目核算。

（4）偿还尚未报销的本单位公务卡欠款时，按照偿还的款项，借记本科目，贷记"零余额账户用款额度""银行存款"等科目；持卡人报销时，按照报销金额，借记"业务活动费用""单位管理费用"等科目，贷记本科目。

（5）将预付账款账面余额转入其他应收款时，借记本科目，贷记"预付账款"科目。

事业单位应当于每年年末，对其他应收款进行全面检查，如发生不能收回的迹象，应当计提坏账准备。对于账龄超过规定年限、确认无法收回的其他应收款，按照规定报经批准后予以核销。按照核销金额，借记"坏账准备"科目，贷记本科目。核销的其他应收款应当在备查簿中保留登记。已核销的其他应收款在以后期间又收回的，按照实际收回金额，借记本科目，贷记"坏账准备"科目；同时，借记"银行存款"等科目，贷记本科目。

行政单位应当于每年年末，对其他应收款进行全面检查。对于超过规定年限、确认无法收回的其他应收款，应当按照有关规定报经批准后予以核销。核销的其他应收款应在备查簿中保留登记。经批准核销其他应收款时，按照核销金额，借记"资产处置费用"科目，贷记本科目。已核销的其他应收款在以后期间又收回的，按照收回金额，借记"银行存款"等科目，贷记"其他收入"科目。

5. 坏账准备

坏账准备是指事业单位对收回后不需上缴财政的应收账款和其他应收款提取的坏账准备。事业单位应当设置"坏账准备"总账科目核算事业单位的坏账准备业务。本科目期末贷方余额，反映事业单位提取的坏账准备金额。本科目应当分别按照应收账款和其他应收款进行明细核算。

事业单位应当于每年年末，对收回后不需上缴财政的应收账款和其他应收款进行全面检查，分析其可收回性，对预计可能产生的坏账损失计提坏账准备、确认坏账损失。事业单位可以采用应收款项余额百分比法、账龄分析法、个别认定法等方法计提坏账准备。坏账准备计提方法一经确定，不得随意变更，如需变更，应当按照规定报经批准，并在财务报表附注中予以说明。当期应补提或冲减的坏账准备金额的计算公式为：

当期应补提或冲减的坏账准备=按照期末应收账款和其他应收款计算

应计提的坏账准备金额−本科目期末贷方余额（+本科目期末借方余额）

坏账准备的主要账务处理如下。

（1）提取坏账准备时，借记"其他费用"科目，贷记本科目；冲减坏账准备时，借记本科目，贷记"其他费用"科目。

（2）对于账龄超过规定年限并确认无法收回的应收账款、其他应收款，应当按照有关规定报经批准后，按照无法收回的金额，借记本科目，贷记"应收账款""其他应收款"科目。

已核销的应收账款、其他应收款在以后期间又收回的，按照实际收回金额，借记"应收账款""其他应收款"科目，贷记本科目；同时，借记"银行存款"等科目，贷记"应收账款""其他应收款"科目。

二、事业单位的对外投资

（一）对外投资的定义和种类

投资是指事业单位按规定以货币资金、实物资产、无形资产等形式形成的债权或股权投资，分为短期投资和长期投资。短期投资是指事业单位取得的持有时间不超过1年（含1年）的投资；长期投资是指事业单位取得的除短期投资以外的债权和股权性质的投资。

（二）对外投资的计价

1. 短期投资的计价

短期投资在取得时，应当以实际成本（包括购买价款和相关税费，下同）作为初始投资成本。实际支付价款中包含的已到付息期但尚未领取的利息，应当于收到时冲减短期投资成本。短期投资持有期间的利息，应当于实际收到时确认为投资收益。期末，短期投资应当按照账面余额计量。事业单位按规定出售或到期收回短期投资时，应当将收到的价款扣除短期投资账面余额和相关税费后的差额计入投资损益。

2. 长期投资的计价

长期投资分为长期债券投资和长期股权投资。

（1）长期债券投资的计价

长期债券投资在取得时，应当以实际成本作为初始投资成本。实际支付价款中包含的已到付息期但尚未领取的债券利息，应当单独确认为应收利息，不计入长期债券投资初始投资成本。

长期债券投资持有期间，应当按期以票面金额与票面利率计算确认利息收入。对于分期付息、一次还本的长期债券投资，应当将计算确定的应收未收利息确认为应收利息，计入投资收益；对于一次还本付息的长期债券投资，应当将计算确定的应收未收利息计入投资收益，并增加长期债券投资的账面余额。

事业单位按规定出售或到期收回长期债券投资时，应当将实际收到的价款扣除长期债券投资账面余额和相关税费后的差额计入投资损益。事业单位进行除债券以外的其他债权投资，参照长期债券投资进行会计处理。

（2）长期股权投资的计价

长期股权投资在取得时，应当以实际成本作为初始投资成本。

①以支付现金取得的长期股权投资，以实际支付的全部价款（包括购买价款和相关税费）作为实际成本。实际支付价款中包含的已宣告但尚未发放的现金股利，应当单独确认为应收股利，不计入长期股权投资初始投资成本。

②以现金以外的其他资产置换取得的长期股权投资，其成本按照换出资产的评估价值加上支付的补价或减去收到的补价，加上换入长期股权投资发生的其他相关支出确定。

③接受捐赠的长期股权投资，其成本按照有关凭据注明的金额加上相关税费确定；没有相关凭据可供取得，但按规定经过资产评估的，其成本按照评估价值加上相关税费确定；没有相关凭据可供取得，也未经资产评估的，其成本按照同类或类似资产的市场价格加上相关税费确定。

④无偿调入的长期股权投资，其成本按照调出方账面价值加上相关税费确定。

长期股权投资在持有期间，通常应当采用权益法进行核算。事业单位无权决定被投资单位的财务和经营政策或无权参与被投资单位的财务和经营政策决策的，应当采用成本法进行核算。成本法是指投资按照投资成本计量的方法。在成本法下，长期股权投资的账面余额通常保持不变，但追加或收回投资时，应当相应调整其账面余额。权益法是指投资最初以投资成本计量，以后根据事业单位在被投资单位所享有的所有者权益份额的变动对投资的账面余额进行调整的方法。长期股权投资持有期间，被投资单位宣告分派的现金股利或利润，事业单位应当按照宣告分派的现金股利或利润中属于事业单位应享有的份额确认为投资收益。

采用权益法的，按照如下原则进行会计处理：

第一，事业单位取得长期股权投资后，对于被投资单位所有者权益的变动，按照应享有或应分担的被投资单位实现的净损益的份额，确认为投资损益，同时调整长期股权投资的账面余额；按照被投资单位宣告分派的现金股利或利润计算应享有的份额，确认为应收股利，同时减少长期股权投资的账面余额；按照被投资单位除净损益和利润分配以外的所有者权益变动的份额，确认为净资产，同时调整长期股权投资的账面余额。

第二，事业单位确认被投资单位发生的净亏损，应当以长期股权投资的账面余额减记至零为限，事业单位负有承担额外损失义务的除外。被投资单位发生净亏损，但以后年度又实现净利润的，事业单位应当在其收益分享额弥补未确认的亏损分担额等后，恢复确认投资收益。

事业单位因处置部分长期股权投资等而无权再决定被投资单位的财务和经营政策或者参与被投资单位的财务和经营政策决策的，应当对处置后的剩余股权投资改按成本法核算，并以该剩余股权投资在权益法下的账面余额作为按照成本法核算的初始投资成本。其后，被投资单位宣告分派现金股利或利润时，属于已计入投资账面余额的部分，作为成本法下长期股权投资成本的收回，冲减长期股权投资的账面余额。

事业单位因追加投资等而对长期股权投资的核算从成本法改为权益法的，应当自有权决定被投资单位的财务和经营政策或者参与被投资单位的财务和经营政策决策时，以成本法下长期股权投资的账面余额加上追加投资的成本作为按照权益法核算的初始投资成本。

事业单位按规定报经批准处置长期股权投资的，应当冲减长期股权投资的账面余额，并按规定将处置价款扣除相关税费后的余额作应缴款项处理，或者按规定将处置价款扣除相关税费后的余额与长期股权投资账面余额的差额计入当期投资损益。

采用权益法核算的长期股权投资，因被投资单位除净损益和利润分配以外的所有者权益变动而将应享有的份额计入净资产的，处置该项投资时，还应当将原计入净资产的相应部分转入当期投资损益。

（三）短期投资的核算

事业单位应当设置"短期投资"总账科目核算事业单位按照规定取得的，持有时间不超过1年（含1年）的投资。本科目期末借方余额反映事业单位持有短期投资的成本。本科目应当按照投资的种类等进行明细核算。短期投资的主要账务处理如下：①取得短期投资时，按照确定的投资成本，借记本科目，贷记"银行存款"等科目。收到取得投资时实际支付价款中包含的已到付息期但尚未领取的利息，按照实际收到的金额，借记"银行存款"科目，贷记本科目。②收到短期投资持有期间的利息，按照实际收到的金额，借记"银行存款"科目，贷记"投资收益"科目。③出售短期投资或到期收回短期投资本息，按照实际收到的金额，借记"银行存款"科目，按照出售或收回短期投资的账面余额，贷记本科目，按照其差额，借记或贷记"投资收益"科目。

（四）长期股权投资的核算

事业单位应当设置"长期股权投资"总账科目核算事业单位按照规定取得的，持有时间超过1年（不含1年）的股权性质的投资。本科目期末借方余额反映事业单位持有的长期股权投资的价值。本科目应当按照被投资单位和长期股权投资取得方式等进行明细核算。长期股权投资采用权益法核算的，还应当按照"成本""损益调整""其他权益变动"设置明细科目，进行明细核算。长期股权投资的主要账务处理如下。

1. 取得长期股权投资的核算

长期股权投资在取得时,应当以其实际成本作为初始投资成本。

(1) 以现金取得的长期股权投资,按照确定的投资成本,借记本科目或本科目(成本),按照支付的价款中包含的已宣告但尚未发放的现金股利,借记"应收股利"科目,按照实际支付的全部价款,贷记"银行存款"等科目。实际收到取得投资时所支付价款中包含的已宣告但尚未发放的现金股利时,借记"银行存款"科目,贷记"应收股利"科目。

(2) 以现金以外的其他资产置换取得的长期股权投资,参照"库存物品"科目中置换取得库存物品的相关规定进行账务处理。

(3) 以未入账的无形资产取得的长期股权投资,以评估价值加相关税费作为投资成本,借记本科目,按照发生的相关税费,贷记"银行存款""其他应缴税费"等科目,按照其差额,贷记"其他收入"科目。

(4) 接受捐赠的长期股权投资,按照确定的投资成本,借记本科目或本科目(成本),按照发生的相关税费,贷记"银行存款"等科目,按照其差额,贷记"捐赠收入"科目。

(5) 无偿调入的长期股权投资,按照确定的投资成本,借记本科目或本科目(成本),按照发生的相关税费,贷记"银行存款"等科目,按照其差额,贷记"无偿调拨净资产"科目。

2. 持有长期股权投资期间的核算

长期股权投资持有期间,应当按照规定采用成本法或权益法进行核算。

(1) 采用成本法核算

被投资单位宣告发放现金股利或利润时,按照应收的金额,借记"应收股利"科目,贷记"投资收益"科目。收到现金股利或利润时,按照实际收到的金额,借记"银行存款"等科目,贷记"应收股利"科目。

(2) 采用权益法核算

①被投资单位实现净利润的,按照应享有的份额,借记本科目(损益调整),贷记"投资收益"科目。被投资单位发生净亏损的,按照应分担的份额,借记"投资收益"科目,贷记本科目(损益调整),但以本科目的账面余额减记至零为限。发生亏损的被投资单位以后年度又实现净利润的,按照收益分享额弥补未确认的亏损分担额等后的金额,借记本科目(损益调整),贷记"投资收益"科目。

②被投资单位宣告分派现金股利或利润的,按照应享有的份额,借记"应收股利"科目,贷记本科目(损益调整)。

③被投资单位发生除净损益和利润分配以外的所有者权益变动的,按照应享有或应分担的份额,借记或贷记"权益法调整"科目,贷记或借记本科目(其他权益变动)。

(3) 成本法与权益法的转换

①单位因处置部分长期股权投资等原因而对处置后的剩余股权投资由权益法改为成本法核算的,应当以权益法下本科目账面余额作为成本法下本科目账面余额(成本)。其后,被投资单位宣告分派现金股利或利润时,属于单位已计入投资账面余额的部分,按照应分得的现金股利或利润份额,借记"应收股利"科目,贷记本科目。

②单位因追加投资等原因对长期股权投资的核算从成本法改为权益法的,应当按照成本法下本科目账面余额与追加投资成本的合计金额,借记本科目(成本),按照成本法下本科目账面余额,贷记本科目,按照追加投资的成本,贷记"银行存款"等科目。

3. 处置长期股权投资的核算

(1) 按照规定报经批准出售(转让)长期股权投资时,应当根据长期股权投资取得方式分别进行处理。

①处置以现金取得的长期股权投资,按照实际取得的价款,借记"银行存款"等科目,按照被处置长期股权投资的账面余额,贷记本科目,按照尚未领取的现金股利或利润,贷记"应收股利"科目,按照发生的相关税费等支出,贷记"银行存款"等科目,按照借贷方差额,借记或贷记"投资收益"科目。

②处置以现金以外的其他资产取得的长期股权投资,按照被处置长期股权投资的账面余额,借记"资产处置费用"科目,贷记本科目;同时,按照实际取得的价款,借记"银行存款"等科目,按照尚未领取的现金股利或利润,贷记"应收股利"科目,按照发生的相关税费等支出,贷记"银行存款"等科目,按照贷方差额,贷记"应缴财政款"科目。按照规定将处置时取得的投资收益纳入本单位预算管理的,应当按照所取得的价款大于被处置长期股权投资账面余额、应收股利账面余额和相关税费支出合计的差额,贷记"投资收益"科目。

(2) 因被投资单位破产清算等原因,有确凿证据表明长期股权投资发生损失,按照规定报经批准后予以核销时,按照予以核销的长期股权投资的账面余额,借记"资产处置费用"科目,贷记本科目。

(3) 报经批准置换转出长期股权投资时,参照"库存物品"科目中置换换入库存物品的规定进行账务处理。

(4) 采用权益法核算的长期股权投资的处置,除进行上述账务处理外,还应结转原直接计入净资产的相关金额,借记或贷记"权益法调整"科目,贷记或借记"投资收益"科目。

（五）应收股利的核算

应收股利是指事业单位持有长期股权投资应当收取的现金股利或应当分得的利润。事业单位应当设置"应收股利"总账科目核算事业单位应收股利业务。本科目期末借方余额反映事业单位应当收取但尚未收到的现金股利或利润。本科目应当按照被投资单位等进行明细核算。应收股利的主要账务处理如下。

1. 取得长期股权投资，按照支付的价款中所包含的已宣告但尚未发放的现金股利，借记本科目，按照确定的长期股权投资成本，借记"长期股权投资"科目，按照实际支付的金额，贷记"银行存款"等科目。收到取得投资时实际支付价款中所包含的已宣告但尚未发放的现金股利时，按照收到的金额，借记"银行存款"科目，贷记本科目。

2. 长期股权投资持有期间，被投资单位宣告发放现金股利或利润的，按照应享有的份额，借记本科目，贷记"投资收益"（成本法下）或"长期股权投资"（权益法下）科目。

3. 实际收到现金股利或利润时，按照收到的金额，借记"银行存款"等科目，贷记本科目。

（六）长期债券投资的核算

事业单位应当设置"长期债券投资"总账科目核算事业单位按照规定取得的，持有时间超过1年（不含1年）的债券投资。本科目期末借方余额反映事业单位持有的长期债券投资的价值。本科目应当设置"成本"和"应计利息"明细科目，并按照债券投资的种类进行明细核算。长期债券投资的主要账务处理如下。

1. 长期债券投资在取得时，应当以其实际成本作为投资成本。取得的长期债券投资，按照确定的投资成本，借记本科目（成本），按照支付的价款中包含的已到付息期但尚未领取的利息，借记"应收利息"科目，按照实际支付的金额，贷记"银行存款"等科目。实际收到取得债券时所支付价款中包含的已到付息期但尚未领取的利息时，借记"银行存款"科目，贷记"应收利息"科目。

2. 长期债券投资持有期间，按期以债券票面金额与票面利率计算确认利息收入时，如为到期一次还本付息的债券投资，借记本科目（应计利息），贷记"投资收益"科目；如为分期付息、到期一次还本的债券投资，借记"应收利息"科目，贷记"投资收益"科目。收到分期支付的利息时，按照实收的金额，借记"银行存款"等科目，贷记"应收利息"科目。

3. 到期收回长期债券投资，按照实际收到的金额，借记"银行存款"科目，按照长期债券投资的账面余额，贷记本科目，按照相关应收利息金额，贷记"应收利息"科目，按照其差额，贷记"投资收益"科目。

4. 对外出售长期债券投资，按照实际收到的金额，借记"银行存款"科目，按照长期债券投资的账面余额，贷记本科目，按照已记入"应收利息"科目但尚未收取的金额，贷记"应收利息"科目，按照其差额，贷记或借记"投资收益"科目。

（七）应收利息的核算

事业单位应当设置"应收利息"总账科目核算事业单位长期债券投资应当收取的利息。事业单位购入的到期一次还本付息的长期债券投资持有期间的利息，应当通过"长期债券投资—应计利息"科目核算，不通过本科目核算。本科目期末借方余额反映事业单位应收未收的长期债券投资利息。本科目应当按照被投资单位等进行明细核算。应收利息的主要账务处理如下。

1. 取得长期债券投资，按照确定的投资成本，借记"长期债券投资"科目，按照支付的价款中包含的已到付息期但尚未领取的利息，借记本科目，按照实际支付的金额，贷记"银行存款"等科目。收到取得投资时实际支付价款中所包含的已到付息期但尚未领取的利息时，按照收到的金额，借记"银行存款"等科目，贷记本科目。

2. 按期计算确认长期债券投资利息收入时，对于分期付息、到期一次还本的长期债券投资，按照以票面金额和票面利率计算确定的应收未收利息金额，借记本科目，贷记"投资收益"科目。

3. 实际收到应收利息时，按照收到的金额，借记"银行存款"等科目，贷记本科目。

三、行政事业单位的固定资产

（一）固定资产的定义及分类

固定资产是指行政事业单位为满足自身开展业务活动或其他活动需要而控制的，使用年限超过1年（不含1年）、单位价值在规定标准以上，并在使用过程中基本保持原有物质形态的资产，一般包括房屋及构筑物、专用设备、通用设备等。单位价值虽未达到规定标准，但是使用年限超过1年（不含1年）的大批同类物资，如图书、家具、用具、装具等，应当确认为固定资产。公共基础设施、政府储备物资、保障性住房、自然资源资产等，适用其他相关政府会计准则。

固定资产一般分为六类：房屋及构筑物；专用设备；通用设备；文物和陈列品；图书、档案；家具、用具、装具及动植物。

(二) 固定资产的计价

固定资产在取得时应当按照成本进行初始计量。

1. 外购的固定资产，其成本包括购买价款、相关税费以及固定资产交付使用前所发生的可归属于该项资产的运输费、装卸费、安装费和专业人员服务费等。以一笔款项购入多项没有单独标价的固定资产，应当按照各项固定资产同类或类似资产市场价格的比例对总成本进行分配，分别确定各项固定资产的成本。

2. 自行建造的固定资产，其成本包括该项资产至交付使用前所发生的全部必要支出；在原有固定资产基础上进行改建、扩建、修缮后的固定资产，其成本按照原固定资产账面价值加上改建、扩建、修缮发生的支出，再扣除固定资产被替换部分的账面价值后的金额确定。为建造固定资产借入的专门借款的利息，属于建设期间发生的，计入在建工程成本；不属于建设期间发生的，计入当期费用。已交付使用但尚未办理竣工决算手续的固定资产，应当按照估计价值入账，待办理竣工决算后再按实际成本调整原来的暂估价值。

3. 通过置换取得的固定资产，其成本按照换出资产的评估价值加上支付的补价或减去收到的补价，加上换入固定资产发生的其他相关支出确定。

4. 接受捐赠的固定资产，其成本按照有关凭据注明的金额加上相关税费、运输费等确定；没有相关凭据可供取得，但按规定经过资产评估的，其成本按照评估价值加上相关税费、运输费等确定；没有相关凭据可供取得，也未经资产评估的，其成本比照同类或类似资产的市场价格加上相关税费、运输费等确定；没有相关凭据且未经资产评估，同类或类似资产的市场价格也无法可靠取得的，按照名义金额入账，相关税费、运输费等计入当期费用，如受赠的是旧的固定资产，在确定其初始入账成本时应当考虑该项资产的新旧程度。

5. 无偿调入的固定资产，其成本按照调出方账面价值加上相关税费、运输费等确定。

6. 盘盈的固定资产，按规定经过资产评估的，其成本按照评估价值确定；未经资产评估的，其成本按照重置成本确定。

7. 融资租赁取得的固定资产，其成本按照其他相关政府会计准则确定。

(三) 固定资产的核算

为核算从不同渠道取得的固定资产，行政事业单位应当设置"固定资产""在建工程"和"固定资产累计折旧"等总账科目。其中，"固定资产"总账科目核算单位固定资产的原值，本科目期末借方余额反映单位固定资产的原值。本科目应当按照固定资产类别和项目进行明细核算。固定资产核算时，应当考虑以下情况：第一，购入需要安装的固定资产，应当先通过"在建工程"科目核算，安装完毕交付使用时再转入本科目核算。第二，以借入、经营租赁租入方式取得的固定资产，不通过本科目核算，应当设置备查簿进行登记。第三，采用融资租入方式取得的固定资产，通过本科目核算，并在本科目下设置"融资租入固定资产"明细科目。第四，经批准在境外购买具有所有权的土地，作为固定资产，通过本科目核算，单位应当在本科目下设置"境外土地"明细科目，进行相应明细核算。

1. 固定资产取得

固定资产在取得时，应当按照成本进行初始计量。

（1）购入不需要安装的固定资产验收合格时，按照确定的固定资产成本，借记本科目，贷记"财政拨款收入""零余额账户用款额度""应付账款""银行存款"等科目。购入需要安装的固定资产，在安装完毕交付使用前通过"在建工程"科目核算，安装完毕交付使用时再转入本科目。购入固定资产扣留质量保证金的，应当在取得固定资产时，按照确定的固定资产成本，借记本科目（不需安装）或"在建工程"科目（需要安装），按照实际支付或应付的金额，贷记"财政拨款收入""零余额账户用款额度""应付账款"（不含质量保证金）"银行存款"等科目，按照扣留的质量保证金数额，贷记"其他应付款"[扣留期在1年以内（含1年）]或"长期应付款"（扣留期超过1年）科目。质保期满支付质量保证金时，借记"其他应付款""长期应付款"科目，贷记"财政拨款收入""零余额账户用款额度""银行存款"等科目。

（2）自行建造的固定资产交付使用时，按照在建工程成本，借记本科目，贷记"在建工程"科目。已交付使用但尚未办理竣工决算手续的固定资产，按照估计价值入账，待办理竣工决算后再按照实际成本调整原来的暂估价值。

（3）融资租赁取得的固定资产，其成本按照租赁协议或者合同确定的租赁价款、相关税费以及固定资产交付使用前所发生的可归属于该项资产的运输费、途中保险费、安装调试费等确定。融资租入的固定资产，按照确定的成本，借记本科目（不需安装）或"在建工程"科目（需安装），按照租赁协议或者合同确定的租赁付款额，贷记"长期应付款"科目，按照支付的运输费、途中保险费、安装调试费等金额，贷记"财政拨款收入""零余额账户用款额度""银行存款"等科目。定期支付租金时，按照实际支付金额，借记"长期应付款"科目，贷记"财政拨款收入""零余额账户用款额度""银行存款"等科目。

（4）按照规定跨年度分期付款购入固定资产的账务处理，参照融资租入固定资产。

（5）接受捐赠的固定资产，按照确定的固定资产成本，借记本科目（不需安装）或

"在建工程"科目（需安装），按照发生的相关税费、运输费等，贷记"零余额账户用款额度""银行存款"等科目，按照其差额，贷记"捐赠收入"科目。接受捐赠的固定资产按照名义金额入账的，按照名义金额，借记本科目，贷记"捐赠收入"科目；按照发生的相关税费、运输费等，借记"其他费用"科目，贷记"零余额账户用款额度""银行存款"等科目。

（6）无偿调入的固定资产，按照确定的固定资产成本，借记本科目（不需安装）或"在建工程"科目（需安装），按照发生的相关税费、运输费等，贷记"零余额账户用款额度""银行存款"等科目，按照其差额，贷记"无偿调拨净资产"科目。

（7）置换取得的固定资产，参照"库存物品"科目中置换取得库存物品的相关规定进行账务处理。

2. 固定资产累计折旧

行政事业单位应当对固定资产计提折旧。折旧是指在固定资产的预计使用年限内，按照确定的方法对应计的折旧额进行系统分摊。固定资产应计的折旧额为其成本，计提固定资产折旧时不考虑预计净残值。行政事业单位应当对暂估入账的固定资产计提折旧，实际成本确定后不需调整原已计提的折旧额。文物和陈列品，动植物，图书、档案，单独计价入账的土地，以及以名义金额计量的固定资产，不计提折旧。

行政事业单位应当根据相关规定以及固定资产的性质和使用情况，合理确定固定资产的使用年限。固定资产的使用年限一经确定，不得随意变更。行政事业单位一般应当采用年限平均法或者工作量法计提固定资产折旧。在确定固定资产的折旧方法时，应当考虑与固定资产相关的服务潜力或经济利益的预期实现方式。固定资产折旧方法一经确定，不得随意变更。固定资产应当按月计提折旧，并根据用途计入当期费用或者相关资产成本。固定资产提足折旧后，无论能否继续使用，均不再计提折旧；提前报废的固定资产，也不再补提折旧。已提足折旧的固定资产，可以继续使用的，应当继续使用，规范实物管理。固定资产因改建、扩建或修缮等原因而延长使用年限的，应当按照重新确定的固定资产的成本以及重新确定的折旧年限计算折旧额。

行政事业单位应当设置"固定资产累计折旧"总账科目核算行政事业单位计提的固定资产累计折旧。公共基础设施和保障性住房计提的累计折旧，应当分别通过"公共基础设施累计折旧（摊销）"科目和"保障性住房累计折旧"科目核算，不通过本科目核算。本科目应当按照所对应固定资产的明细分类进行明细核算。本科目期末贷方余额反映单位计提的固定资产折旧累计数。

行政事业单位计提融资租入固定资产折旧时，应当采用与自有固定资产一致的折旧政策。能够合理确定租赁期届满时将会取得租入固定资产所有权的，应当在租入固定资产尚可使用年限内计提折旧；无法合理确定租赁期届满时能够取得租入固定资产所有权的，应当在租赁期与租入固定资产尚可使用年限两者中较短的期间内计提折旧。固定资产累计折旧的主要账务处理如下。

（1）按月计提固定资产折旧时，按照应计提折旧金额，借记"业务活动费用""单位管理费用""经营费用""加工物品""在建工程"等科目，贷记本科目。

（2）经批准处置或处理固定资产时，按照所处置或处理固定资产的账面价值，借记"资产处置费用""无偿调拨净资产""待处理财产损溢"等科目，按照已计提折旧，借记本科目，按照固定资产的账面余额，贷记"固定资产"科目。

3. 与固定资产有关的后续支出

（1）符合固定资产确认条件的后续支出

通常情况下，将固定资产转入改建、扩建时，按照固定资产的账面价值，借记"在建工程"科目，按照固定资产已计提折旧，借记"固定资产累计折旧"科目，按照固定资产的账面余额，贷记本科目。为增加固定资产使用效能或延长其使用年限而发生的改建、扩建等后续支出，借记"在建工程"科目，贷记"财政拨款收入""零余额账户用款额度""银行存款"等科目。固定资产改建、扩建等完成交付使用时，按照在建工程成本，借记本科目，贷记"在建工程"科目。

（2）不符合固定资产确认条件的后续支出

为保证固定资产正常使用发生的日常维修等支出，借记"业务活动费用""单位管理费用"等科目，贷记"财政拨款收入""零余额账户用款额度""银行存款"等科目。

4. 固定资产处置

按照规定报经批准处置固定资产，应当根据具体情况分别处理。

（1）报经批准出售、转让固定资产，按照被出售、转让固定资产的账面价值，借记"资产处置费用"科目，按照固定资产已计提的折旧，借记"固定资产累计折旧"科目，按照固定资产账面余额，贷记本科目；同时，按照收到的价款，借记"银行存款"等科目，按照处置过程中发生的相关费用，贷记"银行存款"等科目，按照其差额，贷记"应缴财政款"科目。

（2）报经批准对外捐赠固定资产，按照固定资产已计提的折旧，借记"固定资产累计折旧"科目，按照被处置固定资产账面余额，贷记本科目，按照捐赠过程中发生的归属于捐出方的相关费用，贷记"银行存款"等科目，按照其差额，借记"资产处置费用"科目。

（3）报经批准无偿调出固定资产，按照固定资产已计提的折旧，借记"固定资产累计折旧"科目，按照被处置固定资产账面余额，贷记本科目，按照其差额，借记"无偿调拨净资产"科目；同时，按照无偿调出过程中发生的归属于调出方的相关费用，借记"资产处置费用"科目，贷记"银行存款"等科目。

（4）报经批准置换换出固定资产，参照"库存物品"中置换换入库存物品的规定进行账务处理。

5. 固定资产清查

行政事业单位应当定期对固定资产进行清查盘点，每年至少盘点一次。对于发生的固定资产盘盈、盘亏或毁损、报废，应当先记入"待处理财产损溢"科目，按照规定报经批准后及时进行后续账务处理。行政事业单位按照规定报经批准出售、转让固定资产或固定资产报废、毁损的，应当将固定资产账面价值转销计入当期费用，并将处置收入扣除相关处置税费后的差额按照规定作应缴款项处理（差额为净收益时）或计入当期费用（差额为净损失时）；按照规定报经批准对外捐赠、无偿调出固定资产的，应当将固定资产的账面价值予以转销，对外捐赠、无偿调出中发生的归属于捐出方、调出方的相关费用应当计入当期费用；按照规定报经批准以固定资产对外投资的，应当将该固定资产的账面价值予以转销，并将固定资产在对外投资时的评估价值与其账面价值的差额计入当期收入或费用。固定资产盘亏造成的损失，按照规定报经批准后应当计入当期费用。

盘盈的固定资产，其成本按照有关凭据注明的金额确定；没有相关凭据，但按照规定经过资产评估的，其成本按照评估价值确定；没有相关凭据，也未经过评估的，其成本按照重置成本确定。如无法采用上述方法确定盘盈固定资产成本的，按照名义金额入账。盘盈的固定资产，按照确定的入账成本，借记本科目，贷记"待处理财产损溢"科目。

盘亏、毁损或报废的固定资产，按照待处理固定资产的账面价值，借记"待处理财产损溢"科目，按照已计提折旧，借记"固定资产累计折旧"科目，按照固定资产的账面余额，贷记本科目。

（四）工程物资与在建工程的核算

1. 工程物资

行政事业单位应当设置"工程物资"总账科目核算单位为在建工程准备的各种物资的成本，包括工用材料、设备等。本科目可按照"库存材料""库存设备"等工程物资类别进行明细核算。本科目期末借方余额反映单位为在建工程准备的各种物资的成本。工程物资的主要账务处理如下。

（1）购入为工程准备的物资，按照确定的物资成本，借记本科目，贷记"财政拨款收入""零余额账户用款额度""银行存款""应付账款"等科目。

（2）领用工程物资，按照物资成本，借记"在建工程"科目，贷记本科目。工程完工后将领出的剩余物资退库时，做相反的会计分录。

（3）工程完工后将剩余的工程物资转作本单位存货等的，按照物资成本，借记"库存物品"等科目，贷记本科目。

2. 在建工程

行政事业单位应当设置"在建工程"总账科目核算行政事业单位在建的建设项目工程的实际成本。行政事业单位在建的信息系统项目工程、公共基础设施项目工程、保障性住房项目工程的实际成本，也通过本科目核算。本科目应当设置"建筑安装工程投资""设备投资""待摊投资""其他投资""待核销基建支出""基建转出投资"等明细科目，并按照具体项目进行明细核算。本科目期末借方余额反映单位尚未完工的建设项目工程发生的实际成本。在建工程的主要账务处理如下。

（1）建筑安装工程投资

将固定资产等资产转入改建、扩建等时，按照固定资产等资产的账面价值，借记本科目（建筑安装工程投资），按照已计提的折旧或摊销，借记"固定资产累计折旧"等科目，按照固定资产等资产的原值，贷记"固定资产"等科目。固定资产等资产改建、扩建过程中涉及替换（拆除）原资产某些组成部分的，按照被替换（拆除）部分的账面价值，借记"待处理财产损溢"科目，贷记本科目（建筑安装工程投资）。

行政事业单位对于发包建筑安装工程，根据建筑安装工程价款结算账单与施工企业结算工程价款时，按照应承付的工程价款，借记本科目（建筑安装工程投资），按照预付工程款余额，贷记"预付账款"科目，按照其差额，贷记"财政拨款收入""零余额账户用款额度""银行存款""应付账款"等科目。

行政事业单位自行施工的小型建筑安装工程，按照发生的各项支出金额，借记本科目（建筑安装工程投资），贷记"工程物资""零余额账户用款额度""银行存款""应付职工薪酬"等科目。

工程竣工，办妥竣工验收交接手续交付使用时，按照建筑安装工程成本（含应分摊的待摊投资），借记"固定资产"等科目，贷记本科目（建筑安装工程投资）。

（2）设备投资

购入设备时，按照购入成本，借记本科目（设备投资），贷记"财政拨款收入""零余额账户用款额度""银行存款"等科目；采用预付款方式购入设备的，有关预付款的账务处理参照本科目有关"建筑安装工程投资"明细科目的规定处理。

设备安装完毕，办妥竣工验收交接手续交付使用时，按照设备投资成本（含设备安装工程成本和分摊的待摊投资），借记"固定资产"等科目，贷记本科目（设备投资、建筑安装工程投资—安装工程）。

将不需要安装的设备和达不到固定资产标准的工具、器具交付使用时，按照相关设备、工具、器具的实际成本，借记"固定资产""库存物品"等科目，贷记本科目（设备投资）。

（3）待摊投资

建设工程发生的构成建设项目实际支出的、按照规定应当分摊计入有关工程成本和设备成本的各项间接费用和税费支出，先在本明细科目中归集；建设工程办妥竣工验收手续交付使用时，按照合理的分配方法，摊入相关工程成本、在安装设备成本等。

单位发生的构成待摊投资的各类费用，按照实际发生金额，借记本科目（待摊投资），贷记"财政拨款收入""零余额账户用款额度""银行存款""应付利息""长期借款""其他应缴税费""固定资产累计折旧""无形资产累计摊销"等科目。

对于建设过程中试生产、设备调试等产生的收入，按照取得的收入金额，借记"银行存款"等科目，按照依据有关规定应当冲减建设工程成本的部分，贷记本科目（待摊投资），按照其差额，贷记"应缴财政款"或"其他收入"科目。

由于自然灾害、管理不善等原因造成的单项工程或单位工程报废或毁损，扣除残料价值和过失人或保险公司等赔款后的净损失，报经批准后计入继续施工的工程成本的，按照工程成本扣除残料价值和过失人或保险公司等赔款后的净损失，借记本科目（待摊投资），按照残料变价收入、过失人或保险公司赔款等，借记"银行存款""其他应收款"等科目，按照报废或毁损的工程成本，贷记本科目（建筑安装工程投资）。

工程交付使用时，按照合理的分配方法分配待摊投资，借记本科目（建筑安装工程投资、设备投资），贷记本科目（待摊投资）。待摊投资的分配方法，可按照下列公式计算：

某项固定资产应分配的待摊投资=该项固定资产的建筑工程成本或该项固定资产（设备）的采购成本和安装成本合计×分配率

（4）其他投资

行政事业单位为建设工程发生的房屋购置支出，基本畜禽、林木等的购置、饲养、培育支出，办公生活用家具、器具购置支出，软件研发和不能计入设备投资的软件购置等支出，按照实际发生金额，借记本科目（其他投资），贷记"财政拨款收入""零余额账户用款额度""银行存款"等科目。

工程完成，将形成的房屋、基本畜禽、林木等各种财产以及无形资产交付使用时，按照其实际成本，借记"固定资产""无形资产"等科目，贷记本科目（其他投资）。

(5) 待核销基建支出

建设项目发生的江河清障、航道清淤、飞播造林、补助群众造林、水土保持、城市绿化等不能形成资产的各类待核销基建支出，按照实际发生金额，借记本科目（待核销基建支出），贷记"财政拨款收入""零余额账户用款额度""银行存款"等科目。

取消的建设项目发生的可行性研究费，按照实际发生金额，借记本科目（待核销基建支出），贷记本科目（待摊投资）。

由于自然灾害等原因发生的建设项目整体报废所形成的净损失，报经批准后转入待核销基建支出，按照项目整体报废所形成的净损失，借记本科目（待核销基建支出），按照报废工程回收的残料变价收入、保险公司赔款等，借记"银行存款""其他应收款"等科目，按照报废的工程成本，贷记本科目（建筑安装工程投资等）。

建设项目竣工验收交付使用时，对发生的待核销基建支出进行冲销，借记"资产处置费用"科目，贷记本科目（待核销基建支出）。

(6) 基建转出投资

为建设项目配套而建成的、产权不归属本单位的专用设施，在项目竣工验收交付使用时，按照转出的专用设施的成本，借记本科目（基建转出投资），贷记本科目（建筑安装工程投资）；同时，借记"无偿调拨净资产"科目，贷记本科目（基建转出投资）。

四、行政事业单位的无形资产

（一）无形资产的定义和分类

无形资产是指行政事业单位控制的没有实物形态的可辨认非货币性资产，如专利权、商标权、著作权、土地使用权、非专利技术等。资产满足下列条件之一的，符合无形资产定义中的可辨认性标准。

1. 能够从行政事业单位中分离或者划分出来，并能单独或者与相关合同、资产或负债一起，用于出售、转移、授予许可、租赁或者交换。

2. 源自合同性权利或其他法定权利，无论这些权利是否可以从行政事业单位或其他权利和义务中转移或者分离。

（二）无形资产的计价

无形资产在取得时，应当按照成本进行初始计量。

1. 外购的无形资产，实际成本包括实际支付的买价、相关税费以及可归属于该项资产达到预定用途所发生的其他支出。委托软件公司开发的软件，视同外购无形资产确定其成本。

2. 自行开发的无形资产，其成本包括自该项目进入开发阶段后至达到预定用途前所发生的支出总额。

3. 通过置换取得的无形资产，其成本按照换出资产的评估价值加上支付的补价或减去收到的补价，加上换入无形资产支付的其他相关支出（登记费等）确定。

4. 接受捐赠的无形资产，其成本按照有关凭据注明的金额加上相关税费确定；没有相关凭据可供取得，但按规定经过资产评估的，其成本按照评估价值加上相关税费确定；没有相关凭据可供取得，也未经资产评估的，其成本比照同类或类似资产的市场价格加上相关税费确定；没有相关凭据且未经资产评估，同类或类似资产的市场价格也无法可靠取得的，按照名义金额入账，相关税费计入当期费用。确定接受捐赠无形资产的初始入账成本时，应当考虑该项资产尚可为行政事业单位带来服务潜力或经济利益的能力。

（三）无形资产的核算

1. *无形资产的取得*

行政事业单位购入的不构成相关硬件不可缺少组成部分的软件，应当确认为无形资产。行政事业单位自行研究开发项目的支出，应当区分研究阶段支出与开发阶段支出。研究是指为获取并理解新的科学或技术知识而进行的独创性的有计划调查。开发是指在进行生产或使用前，将研究成果或其他知识应用于某项计划或设计，以生产出新的或具有实质性改进的材料、装置、产品等。

行政事业单位自行研究开发项目研究阶段的支出，应当于发生时计入当期费用。行政事业单位自行研究开发项目开发阶段的支出，先按合理方法进行归集，如果最终形成无形资产，应当确认为无形资产；如果最终未形成无形资产，应当计入当期费用。

行政事业单位自行研究开发项目尚未进入开发阶段，或者确实无法区分研究阶段支出和开发阶段支出，但按法律程序已申请取得无形资产的，应当将依法取得时发生的注册费、聘请律师费等费用确认为无形资产。行政事业单位自创商誉及内部产生的品牌、报刊名等，不应确认为无形资产。

行政事业单位应当设置"无形资产"总账科目核算行政事业单位无形资产的原值。非大批量购入、单价小于1000元的无形资产，可以于购买的当期将其成本直接计入当期费用。本科目应当按照无形资产的类别、项目等进行明细核算。本科目期末借方余额反映行政事业单位无形资产的成本。无形资产取得的主要账务处理如下。

（1）外购的无形资产，按照确定的成本，借记本科目，贷记"财政拨款收入""零余额账户用款额度""应付账款""银行存款"等科目。

（2）委托软件公司开发软件，视同外购无形资产进行处理。合同中约定预付开发费用的，按照预付金额，借记"预付账款"科目，贷记"财政拨款收入""零余额账户用款额度""银行存款"等科目。软件开发完成交付使用并支付剩余或全部软件开发费用时，按照软件开发费用总额，借记本科目，按照相关预付账款金额，贷记"预付账款"科目，按照支付的剩余金额，贷记"财政拨款收入""零余额账户用款额度""银行存款"等科目。

（3）自行研究开发形成的无形资产，按照研究开发项目进入开发阶段后至达到预定用途前所发生的支出总额，借记本科目，贷记"研发支出—开发支出"科目。自行研究开发项目尚未进入开发阶段，或者确实无法区分研究阶段支出和开发阶段支出，但按照法律程序已申请取得无形资产的，按照依法取得时发生的注册费、聘请律师费等费用，借记本科目，贷记"财政拨款收入""零余额账户用款额度""银行存款"等科目；按照依法取得前所发生的研究开发支出，借记"业务活动费用"等科目，贷记"研发支出"科目。

（4）接受捐赠的无形资产，按照确定的无形资产成本，借记本科目，按照发生的相关税费等，贷记"零余额账户用款额度""银行存款"等科目，按照其差额，贷记"捐赠收入"科目。接受捐赠的无形资产，按照名义金额入账的，按照名义金额，借记本科目，贷记"捐赠收入"科目；同时，按照发生的相关税费等，借记"其他费用"科目，贷记"零余额账户用款额度""银行存款"等科目。

（5）无偿调入的无形资产，按照确定的无形资产成本，借记本科目，按照发生的相关税费等，贷记"零余额账户用款额度""银行存款"等科目，按照其差额，贷记"无偿调拨净资产"科目。

（6）置换取得的无形资产，参照"库存物品"科目中置换取得库存物品的相关规定进行账务处理。

2. 研发支出的核算

行政事业单位应设置"研发支出"总账科目核算行政事业单位自行研究开发项目研究阶段和开发阶段发生的各项支出。建设项目中的软件研发支出，应当通过"在建工程"科目核算，不通过本科目核算。该科目应当按照自行研究开发项目，分别按照"研究支出""开发支出"进行明细核算。本科目期末借方余额反映行政事业单位预计能达到预定用途的研究开发项目在开发阶段发生的累计支出数。研发支出的主要账务处理如下。

（1）自行研究开发项目研究阶段的支出，应当先在本科目归集。按照从事研究及其辅助活动人员计提的薪酬，研究活动领用的库存物品，发生的与研究活动相关的管理费、间接费和其他各项费用，借记本科目（研究支出），贷记"应付职工薪酬""库存物品""财政拨款收入""零余额账户用款额度""固定资产累计折旧""银行存款"等科目。期（月）末，应当将本科目归集的研究阶段的支出金额转入当期费用，借记"业务活动费用"等科目，贷记本科目（研究支出）。

（2）自行研究开发项目开发阶段的支出，先通过本科目进行归集。按照从事开发及其辅助活动人员计提的薪酬，开发活动领用的库存物品，发生的与开发活动相关的管理费、间接费和其他各项费用，借记本科目（开发支出），贷记"应付职工薪酬""库存物品""财政拨款收入""零余额账户用款额度""固定资产累计折旧""银行存款"等科目。自行研究开发项目完成，达到预定用途形成无形资产的，按照本科目归集的开发阶段的支出金额，借记"无形资产"科目，贷记本科目（开发支出）。

行政事业单位应于每年年度终了评估研究开发项目是否能达到预定用途，如预计不能达到预定用途（如无法最终完成开发项目并形成无形资产），应当将已发生的开发支出金额全部转入当期费用，借记"业务活动费用"等科目，贷记本科目（开发支出）。

3. 无形资产的后续支出

（1）符合无形资产确认条件的后续支出

为增加无形资产的使用效能，对其进行升级改造或扩展其功能时，如需暂停对无形资产进行摊销的，按照无形资产的账面价值，借记"在建工程"科目，按照无形资产已摊销金额，借记"无形资产累计摊销"科目，按照无形资产的账面余额，贷记"无形资产"科目。无形资产后续支出符合无形资产确认条件的，按照支出的金额，借记"无形资产"科目（无须暂停摊销的）或"在建工程"科目（需暂停摊销的），贷记"财政拨款收入""零余额账户用款额度""银行存款"等科目。暂停摊销的无形资产升级改造或扩展功能等完成交付使用时，按照在建工程成本，借记"无形资产"科目，贷记"在建工程"科目。

（2）不符合无形资产确认条件的后续支出

为保证无形资产正常使用发生的日常维护等支出，借记"业务活动费用""单位管理费用"等科目，贷记"财政拨款收入""零余额账户用款额度""银行存款"等科目。

4. 无形资产摊销

摊销是指在无形资产使用年限内，按照确定的方法对应摊销金额进行系统分摊。行政事业单位应当对使用年限有限的无形资产按照直线法或者工作量法进行摊销，不考虑预计残值；对使用年限不确定的无形资产不摊销。

行政事业单位应当设置"无形资产累计摊销"总账科目核算无形资产摊销业务。本科目期末贷方余额反映单位计提的无形资产摊销累计数。无形资产累计摊销的主要账务处理如下。

（1）按月对无形资产进行摊销时，按照应摊销金额，借记"业务活动费用""单位管理费用""加工物品""在建工程"等科目，贷记本科目。

（2）经批准处置无形资产时，按照所处置无形资产的账面价值，借记"资产处置费用""无偿调拨净资产""待处理财产损溢"等科目，按照已计提摊销，借记本科目，按照无形资产的账面余额，贷记"无形资产"科目。

5. 无形资产处置

行政事业单位按照规定报经批准处置无形资产，应当按照具体情况分别处理。

（1）报经批准出售、转让无形资产，按照被出售、转让无形资产的账面价值，借记"资产处置费用"科目，按照无形资产已计提的摊销，借记"无形资产累计摊销"科目，按照无形资产账面余额，贷记"无形资产"科目；同时，按照收到的价款，借记"银行存款"等科目，按照处置过程中发生的相关费用，贷记"银行存款"等科目，按照其差额，贷记"应缴财政款"（按照规定应上缴无形资产转让净收入的）或"其他收入"（按照规定将无形资产转让收入纳入本单位预算管理的）科目。

（2）报经批准对外捐赠无形资产，按照无形资产已计提的摊销，借记"无形资产累计摊销"科目，按照被处置无形资产账面余额，贷记"无形资产"科目，按照捐赠过程中发生的归属于捐出方的相关费用，贷记"银行存款"等科目，按照其差额，借记"资产处置费用"科目。

（3）报经批准无偿调出无形资产，按照无形资产已计提的摊销，借记"无形资产累计摊销"科目，按照被处置无形资产账面余额，贷记本科目，按照其差额，借记"无偿调拨净资产"科目；同时，按照无偿调出过程中发生的归属于调出方的相关费用，借记"资产处置费用"科目，贷记"银行存款"等科目。

（4）报经批准置换换出无形资产，参照"库存物品"科目中置换换入库存物品的规定进行账务处理。

（5）无形资产预期不能为行政事业单位带来服务潜力或经济利益，按照规定报经批准核销时，按照待核销无形资产的账面价值，借记"资产处置费用"科目，按照已计提摊销，借记"无形资产累计摊销"科目，按照无形资产的账面余额，贷记"无形资产"科目。

行政事业单位应当定期对无形资产进行清查盘点，每年至少盘点一次。单位资产清查盘点过程中发现的无形资产盘盈、盘亏等，参照"固定资产"科目相关规定进行账务处理。

五、行政事业资产管理体制机制构建

(一) 行政事业资产管理体制机制的问题

如今,中央虽然指定了机构来行使对各地的行政事业资产管理职能,但是,在具体行使该职能的过程中,显示了诸多不足之处,比如:未理清与机关事务管理局等一些重要部门在资产管理上的关系;忽略了资产管理和政府采购管理存在的关联。还忽略了和非税收入管理等存在的关联,处理这些问题是极为繁重的任务。

1. 资产管理体制未理顺

(1) 机构设置与资产管理权限不均衡

对各地不同级别的财政部门来讲,是由指定的专门机构来管理行政事业资产;而在实际的管理权限划分上,中央级主管部门可以审批的资产价值往往在数百万元以上;而各地主管部门可以审批的资产价值相对较低。

(2) 行政事业资产管理重叠,管理职能不顺

以往对中央行政事业单位国有资产管理通常是由国管局来负责;近些年,出于种种原因,国务院国资委也开始渐渐地参与对事业单位出资成立企业的管控,并在其中处于关键的地位,而且要求各地的国资委紧密跟进。随着这种管控权的日益增强,定会使得行政事业资产在管理职能上出现重叠现象。

(3) 人员素质不一,且未设立专门的主管部门

某些单位里面未设立单独的资产管理部门,而是由其他部门(比如:采购部门等)来代行资产管理职权。这些部门的管理人员素质不一,其中不少人都不熟悉资产管理业务,这使得资产管理显得较为混乱,影响了资产本身的利用效率。

2. 资产管理机制不健全

当前的资产管理机制并不十分健全,这使得资产管理存在漏洞,减弱了管理实效。对资产处置管理机制来讲,尽管相关管理部门已认识到该项管理的关键性,并进行了一些有益的创新与改进,可是还显示了不少的缺陷,比如:未有一致的处置标准、处置手段落后、对处置全程监督较弱等。对资产调配管理机制来讲,也暴露出诸多不足之处,部分相关单位未有一致的资产配置标准,而且因预算管理方不知晓单位资产存量实情,使之对单位方面的资产需求不能做到准确判断,从而妨碍了对资产的调配,加之当前采取的预算编制方法并不十分适宜,也使得单位间资产调配不均的现象更为显著。

对资产有偿使用管理机制来讲,存在的缺陷更明显。在国有资产被单位用来实施对外

租赁或投资等活动来取得收入时,相关主管方对资产租出的具体价位、投资的范围,以及投资方的监管、资产取得的收益等事项并没有给出适宜的标准,从而使得资产难以得到高效利用。对资产联动管理机制来讲,在现实中缺乏有效的联动。资产管理不仅关联到政府采购及司法等部门,还关联到国土资源以及工商、房产、非税收入管理等部门,因为没有适宜而健全的制度,使得各部门间的联动往往仅局限在审批上,也使得联动范围过于狭窄,并未达到理想的联动目标。

3. 资产管理体制机制问题的原因探讨

(1) 管理意识较弱

由于对资产没有较强的管理意识,在极大程度上妨碍了资产管理的顺畅实施。这种现象不但出现在拥有且实际管理资产的某些部门以及事业单位,而且还暴露在与行政事业资产有着紧密关联的重要财政部门之中。

(2) 财政管理力度不强

对财政部来讲,一直以来都担负着对各地行政事业资产管理的领导职责,不但担负对各地财政的资产管理,还担负某些中央机构的资产管理任务。

(二) 构建各地统一的资产管理体制的措施

对行政事业资产而言,始终被视作为各单位提供服务、拓展业务的基础,之所以拥有充足的资产,主要是由于有财政上的资金支持;而财政的一项关键职能就是调配资源,所以,让财政部来担负行政事业资产管理职能是顺理成章的,也是适宜的。根据中央当前对国有资产管理体制的新要求,在深层改进财政资产管理体制上,关键要从以下方面入手,稳步推进。

1. 形成适宜的行政事业资产管理体制

适宜的行政事业资产管理体制本身需显示下列3个特征:一是各地分级管控;二是国家统一所有;三是财政全面监督。也就是说,在横向要建立3层管理模式,最底层是行政事业单位,向上依次是主管部门和财政部门;纵向为5层管理架构,由下至上依次是乡、县、市、省、中央。对构建的行政事业资产管理体制来讲,若要顺畅运转,则必须由上至下的引导与带动,就是由中央至省,再至市、县、乡的逐级带动。所以,财政部在其中的地位最为关键,起到引领与总体带动的作用;同时,各地的财政部门也不能消极等待,而应在上级的正确指引下,主动采取措施获得各地相关部门的支持,全力完成本身担负的资产管理任务,这样才可确保构建的管理体制能顺畅运转。

2. 理清各行政部门的权限

合理确定各相关行政部门的权限,理顺彼此的关系,只有如此,才可增强行政事业资产管理实效,并有利于资产管理稳步推进。财政部门属于直接对行政事业资产进行全面管理的部门,应认识到若对该资产管理失误则会导致财政资金损失,故此,要将该资产与资金同样看待,慎重管理,以使该资产产生理想的效益。所以,其权限范围不但应包括制度制订以及业务监督,还应包括对关键资产的审批等。详细而言,就是制定适合该资产管理的制度且安排落实与监督执行,引导与监督各地相关部门的资产管理与清查,对资产的调配和处置等予以审批,安排产权登记与界定等事项。

对主管部门来讲,本身处在上下衔接的位置,管理本部门内的行政事业单位的资产,其权限一般应含以下2个层面。一是对本部门相关单位的资产予以监管,既要制订针对本部门资产监管的适合制度,且负责落实与监督,也要按上级授权对本部门资产的调配和处置等予以审批,以及实施资产清查并安排产权登记与界定等事项。二是所开展的资产管理不能违背本级财政部门的监管要求。对行政事业单位来讲,由于其本身对行政事业资产是最直接的使用者,所以,其权限范围包括直接管理本单位资产,以及遵从上级部门与本级财政部门的监管,在其领导下来实施有关资产管理。详细而言,就是按上级要求制订本单位资产管理措施且负责落实,以及对本单位资产予以调配和处置等。

3. 改进财政部门的管理

第一,对财政部来讲,其内部需成立专门执行行政事业资产管理的机构,该机构不但管理行政单位的资产,还管理事业资产。如此一来,不但利于和其他诸多关联单位更好的协作与联系,而且还利于增强对各地财政部门的监督力度,从而促进各地注重内部建设,以及充分发挥自身优势,形成上下协调、职能统一、联系紧密的全国行政事业资产管理体制。这样就会有力地推动资产管理各项业务的顺畅实施,从而使资产管理呈现持续优化的新局面。

第二,从法律层面来推进资产管理。在对行政事业资产管理当中,要注重以法律为依托来增强管理的实效。剖析资产管理的现状后,推出利于该项管理的一些法规与条例,通过这样的举措,不但可促进形成依法管理的观念,让实际管理有法可依,还可加强监管的严肃性,能更有力地监督单位资产的管理行为,也使得形成的资产管理体制有了适宜的法规做基础。

第三,财政部门要想实现对资产的监管,就需要对资产管理系统进行积极使用。对于行政事业资产管理系统来说,这一推广与应用主要表现了对资产管理手段的改革,这些都能够高效地提升管理的效率与整体的质量。这样一来,借用财政资产管理信息这一系统,便可以实现对其内容与信息的具体查询与分析,并且偶尔针对资产存量的状况来具体定制与之相配的资产配置标准,实现对资产产权归属情况的具体掌握,创设不同的资产配置、使用模块，这样可以有效实现资产从入口到出口的整个过程的动态管理。

综上所述，针对资产管理信息系统能力的发掘，是对资产管理的多个环节进行高效的实现工作，有利于实现对财政部门行政事业资产管理意识的培养，逐渐提升资产管理能力。国有资产管理的机制的建构，要实现科学的构建，这不但是对财政资产管理问题的解决，还是财政管理改革的实际需要，不但要从思想上高度重视，更要在行动上有效落实。

第三节　决算报告管理

一、行政事业单位会计决算报告工作的重要性

（一）编报会计决算报告是行政事业单位会计制度规定的要求

《行政事业单位会计制度》规定："单位预决算是国家财政预决算的组成部分，各行政事业单位会计主体必须按规定的工作程序、编报规程和时间要求，组织实施本部门预决算的编报工作"。《行政事业单位会计决算报告制度》规定："行政事业单位应当按照有关制度规定认真编制会计决算报告，全面、真实反映本单位会计决算信息。各单位负责人对本单位的会计工作和会计资料的真实性和完整性负责。"

（二）会计决算报告是各级人大机关审定财政收支预决算的需要

行政事业单位的决算报告是各级财政部门决算报告的组成部分，也就是说各级地方及中央财政决算报告数据来源于最基层行政事业单位的会计决算报告。各级地方及中央人大会议审查地方及中央财政预决算报告是人大会议的重要工作内容之一。人大财经委员会以财政决算报告为依据，审查监督国家财政资金预算执行情况，使国家财政资金使用更加透明化、公开化，提高了国家财政资金的使用效益。

（三）单位及相关部门对预决算和财务管理监督的需要

行政事业单位通过会计决算报表与预算进行分析对比，一方面反映了单位预算的执行情况，促使单位加强财务管理，同时也反映了单位是否合理编制预算，促使单位科学编报预算；另一方面也为财政部门审查批复决算和后续年度财政预算安排提供了基本依据，同时还满足了国家财务会计监管、各项资金管理以及宏观经济决策等需要。

二、行政事业单位会计决算报告工作内容

行政事业单位会计决算报告工作内容繁多，要完成会计决算报表主表、决算报表编制说明及附表、决算分析报告等工作，任务十分艰巨。

（一）决算报表主表

决算报表主表有：1. 收入支出总表、收支明细表、项目收支明细表、基本支出明细表等19张收支报表。2. 上缴非税收入情况表、财政专户管理资金收入支出决算表、国有资产收益征缴情况表等3张非税收入收缴情况表。3. 资产负债简表、资产情况表、基本数字表、机构人员情况表、省直一般公共预算财政拨款指标执行情况表、省直政府性基金预算财政拨款指标执行情况表、政府储备物资明细表、固定资产及公共基础设施明细表、往来款项明细表、对外投资明细表等10张其他信息表。行政事业单位除了少量没有经济业务内容的主表不填列外，其他报表都要填列。

（二）决算报表编制说明及附表

决算报表编制说明由决算编报基本情况、基础数据核对情况、报表审核情况和决算数据其他需要说明的情况及14张附表组成。

（三）决算分析报告

行政事业单位决算分析报告主要是对本单位收入支出、资产负债、净资产等主要财务指标增减变动情况和原因进行分析，包括单位基本情况、收入支出预算执行情况分析、资产负债情况分析、本年度单位决算工作开展情况等。

三、行政事业单位做好会计决算报告工作存在的问题和建议

（一）决算报告工作客观方面存在的问题

1. 时间紧，任务重

行政事业单位会计决算报告的统一编制时间点为每年的12月31日。财务决算工作，从财政部门下达通知到完成决算工作，一般时间不超过一个月。年底会计人员有繁忙的会计报销工作、年底单位往来款清理工作、银行帐对帐核对工作、资产清查工作、核对国库当年下达经费指标、核对当年实际财政拨款支出明细帐等工作要完成，还有各单位年终总结、评比、检查、会议等众多事务性工作。繁多、复杂的决算报表填报及决算报表分析报

告等财务决算工作需要在完成这些工作的基础上由会计人员加班加点完成。由于时间紧，任务重，决定了要编制较高质量的年终财务决算任务艰巨。

2. 内容多，难度大

行政事业单位会计决算报表要求全面、真实披露单位财务状况和预算执行结果，决算报表内容包括财务收支、经费来源与运用、资产与负债、机构、人员与工资等数据信息。预算编制的全面、具体、细化决定了决算报表也要与其保持一致反映单位的财务收支、资产负债、机构人员情况等等诸多内容。有些报表内容数据还要从其他部门取得，如人员情况、资产情况等等。所以，决算报表内容多，牵涉的部门多，给财务人员在短期内完成决算报表增加了压力。

（二）决算报告工作主观方面存在的问题

1. 重预算编制与执行，轻决算编制与分析

各行政事业单位的领导对会计决算工作重视不够，一直以来存在着"重预算编制与执行，轻决算编制与分析"的问题。预算编制根据预算管理要求，按照"一上一下"和"二上二下"的程序，各部门单位对预算高度重视，反复讨论、修改，直至最后完成预算编报工作。预算在执行过程中，但单位领导时时关心过问经费执行情况，关注经费是否保证了事业发展的正常运转。单位领导对决算的认识往往还停留在决算是财务处在年终对全年财务数据进行简单事后汇总，至于决算工作成果反映了什么内容、怎么从不同方面进行反映、决算报表反映的问题揭露了单位哪些方面管理存在问题并不重要。因此决算工作没有被领导纳入重要工作范畴，决算报表在信息反映方面的重要性并未体现出来。

2. 预算编制欠完善，预算执行有偏差

目前，有些行政事业单位还没有全部做到按经济分类的明细编制预算，预算编制存在不够全面、严谨、科学的问题。财务部门将财政批复的预算切块分解到各职能部门，各个职能部门应该根据各自的年度工作计划科学地编制预算。但是，有些部门单位在进行预算编制时没有完全按照经济分类明细、真实、认真、完整、全面地编制预算。预算执行时有些预算项目偏离了实际，造成了预算执行困难、预算执行出现偏差的情况。

3. 会计核算与预算脱节，预算决算存在差异

有些会计人员在会计核算时没有与预算明细一一对应，支出经济分类所对应科目记录不正确，混乱开支，导致决算报表不能完全真实反映单位财务收支信息，预算决算存在差异。决算不能准确地反映部门预算执行情况，部门预算与部门决算可比性较差，有的总体收支对比差异不大，但明细项目对比差异大。

4. 没有执行统一的会计制度，单位财务报表与财政决算报表存在差异

财政部门要求按预算会计制度填报决算报表，而行政事业单位是按行政事业单位会计制度进行帐务处理，两者执行的会计制度不同，汇总的会计报表结果就存在差异，如：事业单位归还银行贷款时，事业单位帐务处理为减少长期借款，不影响当年费用支出增加；而财政部门决算报表中要反映支出增加、资金减少。这就使得事业单位帐务系统的支出汇总数与财政决算报表支出汇总数不一致。

5. 没有统一的财务预决算运行系统，决算报表完成效率低

各行政事业单位没有统一的财务预决算会计帐套核算软件，部门决算报表不能自动通过会计核算软件取数，部门决算软件与部门预算软件没有进行有效对接。预算编制是在一个单独的软件中对部门按经济分类明细编制预算，而核算又是一个单独的软件进行会计核算。会计人员在进行报销帐务处理时不能在一个会计核算软件中按经济分类明细自动与预算项目直接对接核算控制，决算报表不能按经济分类、按科目自动汇总上报，预算、核算、决算不能很好的衔接，决算报表无论是在完成时间还是在完成质量上均效率较低。

（三）做好会计决算报告工作的建议

1. 领导高度重视，单位全面部署

行政事业单位全年经费收入情况、经费支出情况、资产负债情况、财务管理情况等信息都可以通过会计决算报表这一载体显现出来。作为报表使用者之一的单位领导，通过阅读单位会计决算报表，能充分了解单位财务状况以及单位财务管理存在的问题，所以单位领导应该把会计决算工作作为单位重要工作并引起高度重视，为财务人员高质量完成会计决算工作创造好的条件。财政部门下达决算工作任务后，行政事业单位应在本单位召开会计决算工作会议，对会计决算工作进行全面部署，对会计决算工作内容及关联部门单位及时布置安排任务，确保会计决算工作在短时间内完成好。

2. 提升会计人员业务水平，做好预算基础工作

（1）加强会计人员业务培训，提高实际业务操作技能

行政事业单位部门决算报告工作是一项复杂、繁锁的工作，它要求单位要有良好的会计基础工作，要求会计人员业务能力娴熟，能正确处理各项会计业务。会计相关业务知识更新快，会计人员要及时培训更新会计相关业务知识，如熟悉并掌握预算编制业务、会计核算业务、国库集中支付业务、决算报表编制业务等等相关知识技能。只有这样，财务人员对于会计核算、决算报告工作等做起来才能得心应手。

（2）职能部门全力配合，认真编报单位预算

预算是决算的基础，决算是预算的检验。预算编制工作基础得打好，决算工作才能顺利完成。各个事业单位收到经批复的预算文件后，要及时向各个职能部门下达预算上报任务，指导各个职能部门根据本部门的工作性质和工作计划，按财政部门规定认真、全面、严谨、科学地明细编报各项资金预算。财务部门要做好对各个职能部门预算编报指导和沟通工作，确保各职能部门预算编制做到应编尽编，使单位资金用到所需的地方，资金使用达到最好的效果。预算编制工作完成得好，预算执行率高，就为顺利、高质量完成年终决算报告工作打下了良好基础。

3. 做好预算控制基础工作，真实反映预算执行情况

预算文本下达后，财务相关人员要把单位的预算具体内容从头到尾熟记于心，并将预算在会计核算系统里下达到各个职能部门。下达预算时不仅要分部门、分项目进行预算控制，还要将预算内容按经济分类明细。基本支出预算分为公用支出预算和人员支出预算。被财务人员忽略的项目支出预算也要分公用支出和人员支出进行预算明细控制。只有这样，会计核算人员在报帐时才能从经济内容、项目内容、财政拨款安排还是非财政拨款安排等方面准确对照来复核凭证，对应预算进行控制报销，记录会计凭证。这样就能尽可能地保证决算跟预算进行很好的衔接，年终编制决算报表时少走弯路，保证了决算数据真实反映预算数据的执行情况。

4. 做好会计核算工作，确保决算报表质量

决算报表的基础数据取自单位当年的会计凭证帐簿和各种报表等资料。这些资料数据全面、完整、准确、真实，才能确保决算报表质量。所以，会计人员在日常会计帐务处理时，一是要对原始凭证认真审核，严格按照国家有关的政策法规制度规定，对每一张原始单据的合法性、合规性、合理性等进行审查；二是对于经审查后的凭证要分清每项支出的项目内容、经济分类、资金来源等方面对应预算列支，不能混乱开支；三是对无预算和超预算费用拒绝报销。

5. 认真做好决算报表编制工作，提高决算报表会计信息质量

会计决算报告工作内容之一的会计决算报表编制完成得好坏，直接关系着会计信息质量的高低，而会计信息在很大程度上影响着报表使用者的决策。因此，会计人员要做好会计决算报表编制工作，保证会计信息质量具有很重要的意义。

（1）做好决算前帐务处理工作，保证数据完整、真实

行政事业单位在 12 月底前，要按照行政事业单位财务制度的规定，对照经财政部门批复的预算文本和单位相关经济合同等资料，对单位资产、负债、收入、支出等进行全面认真的核实。清理核实收入帐目是否如实及时记帐、往来款项是否按规定及时清理、各项

拨款是否全部到位、汇入单位帐款是否弄清资金来源及时入帐、应缴财政专户款项是否足额全部上缴、财产物资全面清查结果是否办理报批手续再进行处理等等，确保单位当年收入与当年支出全部进行记帐处理，并且做到帐实相符、帐帐相符、帐表相符，保证数据完整、真实。

（2）认真核对基础数据，确保数据准确、可靠

在编报决算报表前，首要工作是要与相关部门单位认真核对各种基础数据，确保决算数据准确、可靠，在编制会计决算报表时少走弯路。

一是核对国库数据是否与下达的预算文本上数据一致。要对预算文本上各项预算内容及金额与国库下达指标数据一一对照核实，核对下达的基本支出、公用支出、人员支出、项目支出等内容与金额的一致性；核对预算调整数的一致性等。

二是核对国库数是否与单位财务核算数据一致。要与上级主管部门及财政部门核对国库相关数据，主要有：上年财政结转数核实；本年财政拨款（补助）收入、支出和结余数核实；本年上缴财政非税收入和上缴国有资产收益数据核实等等。如果核对数据出现不符等问题时要及时与主管部门及财政部门沟通，保证双方核对的数据一致。

三是与单位职能部门核实相关数据。如与人事部门核实单位在编人员数、年末实有人数等；与国有资产管理部门核实资产数；与招投标管理部门核实招标采购数据等等。

（3）认真编写会计决算报表，真实反映单位资金使用状况

填报会计决算报表是会计决算报告工作的重心，决算报表是决算报告分析的数据基础。在认真核实相关基础数据后，会计人员要以单位会计核算软件中汇总的总帐及明细帐数据、国库收支数据、相关部门提供的数据等为数据资料，按收支项目名称、支出功能、经济分类明细等认真对应填报各种决算报表。决算报表编报口径要与单位预算口径一致，编报的数据要真实准确，确保决算报表完整真实反映单位资金使用状况。

6. 以决算数据为依据，做好财务决算分析工作

财务决算工作完成后，还要做好财务决算分析工作。只有对会计决算报表数据进行有效的分析并加以利用，决算工作才有意义。财务人员要根据单位年度工作目标任务和预算安排，以决算数据为依据，计算行政事业单位财务分析指标值，对财务决算进行全面分析。一是从单位基本职能、机构情况、人员情况及单位当年取得的事业成效进行简要说明；二是从单位收入支出预算及执行情况进行对比分析，找出收支预算安排较上年变化的原因、收支执行情况较预算安排情况存在差异的原因进行分析；三是对收支结构占比情况进行分析；四是对重要经济分类支出执行情况进行分析；五是对资产负债整体情况较上年对比进行分析；六是对单位当年预算执行中存在的问题进行分析等等。财务分析既要全

面,又要重点突出,文字不要过长,简洁明了,让报表阅读者容易读懂。通过财务数据结合报表分析,单位领导及其他报表使用者能了解单位的财务状况及财务管理中存在的不足,为领导加强单位管理决策提供参考。

7. 认真编写会计决算报表说明,扩大报表阅读功能

行政事业单位对于在会计决算报表中不能列明的信息,要在会计决算报表说明中作进一步补充和说明,方便报表使用者读懂报表信息。会计人员要按编报说明要求,分别对主要经济数据,数据较往年变动的差异,财政部门要求的其他应该进一步具体说明的内容如往来款情况说明、"三公"经费、其他工资福利支出等人员支出具体情况、资产负债变动、长期投资和国有资产管理等对本期或者下期财务状况发生重大影响事项进行说明,以扩大报表阅读功能。

8. 执行统一的会计核算制度,确保报表信息相互可比性

行政事业单位应与财政部门执行统一的会计核算制度,确保会计信息口径一致、相互可比,以提高决算报表编报效率,减少事业单位帐表信息与财政决算报表汇总数据差异,方便财政资金管理部门利用报表信息管理的需要。

9. 建立科学的财务管理软件系统,提高会计决算报告工作效率

为提高会计决算报告工作效率,行政事业单位应建立科学的财务管理软件系统,发挥财务数据的集中利用和资源共享效应。科学的财务管理系统中既有完整的单位预算,又能进行会计核算工作,同时还能与国库支付软件对接。这样一是可以提高会计核算工作效率,会计人员进行报销帐务处理时,能根据预算系统模块准确对应预算明细进行核算支付;二是编报决算报表时,取数快、准确率高;三是与国库支付系统对接能准确对应支付每笔款项,减少支付差错,使年终对帐顺利,从而提高会计决算报告工作效率。

总之,行政事业单位年终决算报告工作是一项较为繁琐和系统的工作,不是一蹴而就的工作。只要我们财务人员认真进行专业业务培训学习、细致编制全口径单位预算、建立科学的财务管理系统、认真审核把关每笔会计报销业务、掌握准确的单位基本信息资料、与相关部门仔细核对基础数据,就一定能够顺利完成年终决算报告工作。

第四章
行政事业单位预算绩效

第一节 预算绩效管理概述

一、预算绩效管理的内涵解读

(一) 预算绩效管理相关概念解读

1. 预算绩效

预算绩效就是将绩效融入预算,它是中华人民共和国财政部结合当前的财政管理水平提出来的,具有中国特色。

预算绩效是指预算资金所达到的产出和结果,强调政府预算支出与所获得的有效公共服务的对比关系。它主要从两个方面来反映:一是产出,反映主观的努力情况,即是否按期实现了预先设定的目标,主要任务是否完成,做了哪些工作;二是结果,反映政府预算活动带来的客观后果和影响,即完成任务的效率、资金使用的效益、预算支出的节约等。

预算绩效是在现阶段财政管理方式下引入的一种新型预算机制,其将绩效理念和方法逐步渗入预算管理的各个阶段,以取代传统的预算管理模式,待时机成熟时将政策予以制度化,成为一种利益相关方遵守的正式规则。

预算绩效是指通过对资金的绩效管理来衡量资金投入和产出结果,以此作为政府绩效的一种表现方式,它本质上所反映的是各级政府各部门的工作绩效,绩效信息在预算资源分配中发挥的作用是辅助性的。

2. 预算绩效管理

预算绩效管理包含以下内涵。

第一,将预算绩效管理看作一种预算的理念。从这一层面而言,预算绩效管理注重效率意识，将绩效置于十分重要的位置，同时注重支出责任意识和产出意识，通过多种方法提高资金的使用率。同时，预算绩效管理也注重公共产品和服务，并从质量和数量方面来统一提高。

第二，将预算绩效管理看作一种技术工具。预算绩效管理注重预算管理、绩效管理的改进和完善。在这一过程中，预算绩效管理不仅吸收了绩效管理各种策略，还将技术融到具体的预算管理中，从而充分发挥技术方法在绩效管理中的重要作用。

第三，将预算绩效管理看作一种全过程机制，且这种过程机制是完善的。预算绩效管理对预算过程管理十分重视，并在结果导向的基础上实施管理。同时，预算绩效管理把预算管理看作一个管理闭环，将与预算相关的编制、执行、监督等融入这一预算闭环中，从而保证管理的全面性。另外，预算绩效管理也积极采用了各种方法进行机制改革和控制，从而保证闭环中每个环节的连续性，实现环节与环节之间的连接，最终实现对预算的全过程管理。

第四，预算绩效管理是一种创新的预算管理模式，在本质上仍是预算管理，服务、服从于预算管理，是对现有预算管理模式的改革和完善，并不是与预算管理相割裂、相并行的一个单独体系，而是利用绩效管理理念、绩效管理方法等对现有预算管理模式的创新与提升，是一个有机融合、全面衔接的全新预算管理模式，旨在强调资金使用效益，增强预算支出效率，实现资源的优化。

(二) 预算绩效管理的基本要素与特征

1. 预算绩效管理的基本要素

预算绩效管理涉及要素很多。单从管理流程方面而言，预算绩效管理涉及的要素不仅包括绩效目标管理、跟踪管理、评价管理，还包括评价结果反馈与应用等相关方面的管理。要想使预算绩效管理取得良好的效果，就应该注重绩效理念的融入，从而保证在预算绩效管理中有绩效理念的支持，有预算目标的指导，还有跟踪监督、评价、反馈与应用，进而使预算绩效管理效率更高、效果更好。

预算绩效管理并不是一个简单的过程，其过程涉及很多的内容，下面主要从五个阶段来对这一管理过程进行系统论述。

一是要确立施政目标。这个目标是预期实现的目标，是由政府来确立的。同时，在确立完目标之后，应该将这个施政目标进一步细化，即分成部门绩效目标与具体工作计划。绩效目标涉及很多的要素，主要包括：预期产出与预期应该达到的效果；为了实现预期目标所要进行的活动，即预算的安排情况；衡量产出、效果、服务对象满意度的绩效指标和按照正常情况能够达到的标准。项目绩效目标也可从投入、产出、效果、影响力这四个维度来设定。同时，可以根据往年类似项目的历史数据和行业标准，测算绩效指标的目标值，最终形成预算单位的绩效目标表。

二是为实现各部门的绩效目标和工作计划，要合理配置资源，也就是根据评定的绩效目标安排财政预算。

三是每个部门都有每个部门的工作计划，各个部门在开展工作计划时要以绩效目标为依据，同时，绩效目标的具体完成情况也是各部门应该关注的。这些都是绩效运行不可缺少的监控环节。另外，还需要指出的是，绩效运行监控是为了保障预算能够按照绩效目标正常执行的关键环节。目前主要包括执行进度监控与绩效目标监控两个要素。执行进度监控主要监控资金支出进度与计划相符程度；绩效目标监控则将总体绩效目标与预算管理流程结合起来，结合资金支出进度衡量绩效目标完成程度，以此衡量总体支出是否能实现预期目标。

四是绩效目标的最终完成情况是需要评价方进行评价的。在评价过程中，评价方应该以确立的标准与方法为依据进行评价，待评价结束之后，应该将具体的评价结果公布于众。合评价结果对下一年的预算目标进行制定。

2. 预算绩效管理的特征

（1）预算绩效管理是一种参与的、民主的、自我控制的管理方式

绩效目标在绩效管理中占据着重要的地位。我们可以将绩效目标理解为政府与预算单位之前的双向承诺。因此，财政与预算单位要了解预算绩效管理的管理方式，不仅要重视项目绩效目标定位，还要重视支出绩效目标定位，与此同时更要重视管理方式的参与性、民主性和自我控制性特点，满足目标定位要求。

（2）预算绩效管理要与中期财政规划、跨年度预算平衡机制相匹配

中期支出框架是与政府战略管理相适应的财政管理方式，具有全局性、长远性等特点。同时，根据政府相关部门针对经济发展制定的各种政策，结合历年来有关预算支出的数据以及相关的标准和规范，可以为绩效目标设定一个相对合理的区间。这就体现了预算绩效管理的另外一个特征——中期财政规划、跨年度预算平衡机制与预算绩效管理之间并不是孤立的，而是存在相互匹配关系的。

（3）预算绩效管理是一种问责机制，是部门提升管理能力的学习过程，不是惩罚性措施

绩效预算和绩效管理是战略规划工具，不仅能帮助政策制定者监管政策执行过程和政策目标的实现情况，还能帮助部门提高自身的管理能力和水平。如果违法违规，有关部门和负

责人员理应受到处罚。但很多绩效的问题，并不是法规上的失误，而是资源分配时的优先序选择或没有充分考虑外部环境的不确定因素等造成的。因此，预算绩效管理的目标是提高组织学习能力，是从激励的角度出发的，因此可以说，预算绩效管理并不是一种惩罚性措施。

(三) 预算绩效管理与传统预算管理模式的区别

预算绩效管理与传统预算管理模式的区别主要体现在其重视结果、重视效率与问责相结合上。从管理模式上看，预算绩效管理是导入绩效理念的预算管理模式。作为一种对预算管理的改革，这一理念最早在美国的公共管理改革，即20世纪40年代末期开展的绩效预算改革中被实践，它强调政府部门预算以各部门所要完成的目标、所需履行的职能为基础，预算必须以可衡量的绩效为依据。美国经历了从绩效预算到新绩效预算的改革，核心理念是要求预算以结果为导向，必须以体现政府活动效果的绩效信息为基础编制预算，追求将预算资金编制决策与部门绩效结合起来。我国目前实施的预算绩效管理与绩效预算有所区别，预算绩效管理更强调管理模式上的突破，而并不完全追求预算与绩效绝对挂钩。

预算绩效管理在公共价值目标与预算决策的转换中发挥着不可替代的作用。同时，预算绩效管理是将预算决策融入预算编制过程中，并通过预算执行与完成实现公共价值目标的过程。其中，在预算编制环节，政府识别并选择公共价值，将公共价值转化为政府目标，并通过规划落实为部门目标，并在此基础上将部门目标转化为项目目标。在预算绩效管理过程中，预算管理、绩效管理、绩效目标设计管理都是十分重要的，尤其是绩效目标设计的过程在预算绩效管理中起着十分关键的作用。这一环节的质量决定了预算是否能真正符合公共需求，将公共价值转化为政府施政目标，并在此基础上进一步细分，细分成部门目标。可见，绩效目标管理在整个预算绩效管理中起着关键的作用。预算部门根据部门职能与部门所面向的社会公共需要确定预算支出预期的产出和效果，并将其细化为绩效目标与绩效指标。

传统预算管理过程中，绩效目标所占的比重很小，政府部门编制预算以投入控制为主，先确定部门可分配的资金总量，依据可获得的资金量确定部门预算。没有明确的绩效目标，预算编制不以预期取得的产出和效果为基础，预算的公共目标便难以真正实现。

从某种意义上说，传统预算管理是重投入轻产出的，预算支出主要以投入多少钱为核心，并不关注为什么要花这些钱，更谈不上花了这些钱是否满足社会共同需要，是否实现了公共价值。预算绩效管理则以结果为导向，强调预算编制，必须以实现公共价值为目标，基于明确的绩效目标确定预算，也就是说，必须明确公共价值的实现需要花这笔钱，才能在预算决策中将这笔钱纳入预算。

二、预算绩效管理的必要性

(一) 预算绩效管理是建立现代财政制度的组成部分

预算绩效管理是财政管理中比较常见的一种形式,也是财政制度研究的范畴。预算绩效管理不仅涉及预算管理,还涉及绩效管理。因此,在具体的管理中,预算绩效管理对相关管理人员提出了一定的要求,即要具有绩效意识、责任感,注重财政资金的分配与管理,最终从传统的关注财政资金的规范性转向关注财政收支的有效性。

1. 现代财政制度的内涵

要加快建立现代财政制度,建立权责清晰、财力协调、区域均衡的中央和地方财政关系。建立全面规范透明、标准科学、约束有力的预算制度,全面实施绩效管理。深化税收制度改革,健全地方税体系。

现代财政制度不仅是一个十分重要的概念,还是一个十分复杂的概念。目前,现代财政制度并没有一个统一的、明确的概念。无论是发展中国家还是发达国家,都必须意识到财政的重要性。可以说,财政在国家治理中发挥着不可替代的作用。只有在财政的支持下,国家治理才能顺利进行。因此,要想实现国家治理体系的现代化,就必须注重财政与财政体制建设。更为重要的是,财政的管理与财税体系的建设都离不开现代财政制度的建设和指导。综上所述,可以将现代财政制度涉及的一系列关系总结如下:建立现代财政制度→形成科学有效的财税体制→形成强大而坚实的财政管理→推进国家治理体系和治理能力现代化。

现代财政制度的内容主要包括三个方面:推进预算管理制度改革、完善税收制度改革、规范政府间财政关系。

2. 预算绩效管理与现代财政制度的关系揭示

(1) 重视绩效是预算改革中的重要内容

纵观世界各国政府绩效改革的背景,大多是在经济不景气、财政困难的背景下倒逼政府进行的,而我国虽然也面临一些问题,但应该说只是给绩效改革添了把火,而不是直接诱因。因为在我国预算改革的探索与实践中,很早就将触角探及预算绩效管理,并将其放在预算改革的大棋盘中。将预算绩效问题纳入推进国家治理体系和治理能力现代化,是建立现代财政制度以及预算改革整体框架之中的安排,而不是权宜之计。

(2) 预算绩效改革推进现代财政制度建设

预算绩效是与支出紧密相关的概念,实践中,预算的绩效管理内容实际上涉及财政

"资金往哪儿流""流向怎么定""钱怎么花"三个主要问题,这些方面的改革推进都与国家及财政治理现代化息息相关。

财政资金应往哪儿配置?这里涉及预算分配和管理的理念、政府与市场的关系等问题。为此,应树立预算分配的绩效理念。预算分配的绩效理念是建立在公共服务与公共责任、社会效益与公众满意度等理论以及由此带来的社会绩效文化基础上的,这一理念的树立与纳税人意识的提高以及社会民主化程度紧密相关。我国正在完善这一改革进程,因此,在全社会形成一种稳定的公共资金绩效价值观是实施预算绩效管理乃至政府绩效管理的终极目标。

此外,还应做好政府与市场关系的处理。在决定财政资金流向时,从绩效角度出发去考察资金配置目的及目标,厘清政府与市场关系,做到市场做不了的事政府"雪中送炭",市场可以做的事政府不再"锦上添花"。在当前,做好这一点也有利于合理引导社会预期,真正发挥好公共财政的"兜底"作用。

在资金配置机制应如何构建方面,则涉及决策机制及分配机制的改变。主要包括:一是涉及财政资金决策机制的改变;二是涉及预算分配机制的改变。

总体来看,预算绩效管理的有效实施,具有十分重要的意义。政府在预算绩效管理的影响下,可以履行自身的职能,提高政府行政效率,增强政府执行力。可以说,预算绩效管理为各级政府充分发挥自身职能、履行各自义务提供了重要保障。同时,预算绩效管理的有效实施,在很大程度上促进了现代财政制度的实施,推动了国家的治理进程。另外,预算绩效管理的有效实施在很大程度上提高了民众的满意程度,确保全体人民在共建共享中获得感稳步提高。

因此,预算绩效管理在现代财政制度建设中起着关键的作用。政府及相关部门应该加强预算管理和绩效管理,避免两者管理中的对立、分割现象,充分发挥绩效管理与财政管理的作用;同时,根据预算绩效的实际情况,应制定科学的管理目标,构建绩效、预算管理的各种指标体系。

(二)预算绩效管理是国家治理现代化的重要支撑

预算绩效管理的有效实施,对于国家而言,是一次重大的改革。在推行这一管理的过程中,目前的预算编制方式会发生一定的变化。同时,在预算绩效管理的影响下,国家治理也会在很多方面发生变化,例如治理制度、治理对策、治理理念、治理手段等都要发生改变。

另外,还需要特别强调的一点是,预算绩效管理与国家治理现代化并不是孤立存在的,而是相互影响、相辅相成的,两者之间存在着内部统一的关系。国家治理的现代化变革无论是在理念、制度、方法、对策等方面都有利于预算绩效管理的实施和应用，同样的，预算绩效管理的有效实施也是国家治理现代化的重要保障。可以说，预算绩效管理与国家治理现代化在很多方面实现了双赢。

1. 预算绩效管理与国家治理价值的共通性

单从价值层面而言，预算绩效管理与国家治理存在着共通性特点。国家治理具有自己独有的特点，例如治理的合法性、公平性、透明性、有效性、责任性。预算绩效管理在很多方面也都体现了政府治理的基本价值，例如，绩效目标管理、信息公开、绩效运行监控管理监督问责等。

首先，预算绩效管理应该确立绩效目标，这样才有利于申请预算，开展事前绩效评估和事后绩效评价，确保预算资源配置能够最大化地满足公共服务需求。这不仅仅是一种预算技术，更体现了政府治理合法性和回应性的基本要求。

其次，预算绩效管理是建立在《预算法》等法律法规要求基础上的，体现了政府治理法治化的要求。

再次，预算绩效管理重视绩效目标系统、评估系统、评估结构运用系统的构建，并采取多种措施将信息公布于众，从而完成管理的闭环系统建设；另外，公众也可以参与其中。预算绩效管理上述内容的实施体现了国家治理的责任性与透明性，这也是价值共通性的集中体现。

最后，预算绩效管理注重指标目标的制定。在具体目标制定的过程中，预算绩效管理通常会考虑效益、效率等。预算绩效管理制定绩效指标时的操作同国家治理现代化的有效性不谋而合。

2. 预算绩效管理与国家治理过程的伴生性

预算绩效管理是一种在预算管理全过程中讲求绩效的预算管理模式。预算本质上反映宏观政策、政府职能和政府活动范围，预算管理规范政府管理，预算绩效是政府绩效的核心指标之一，真实反映各级政府各部门各单位的工作绩效。预算绩效管理与国家治理的诸多方面都具有伴生性。

首先，预算绩效管理在政策制定过程中起着关键的作用。也可以说，在政策制定过程中始终伴随着预算绩效管理。具体而言，预算绩效管理注重预算过程也注重政策过程，并注重两者的有效结合。为了实现政策目标，预算绩效管理重视资金利用，并将在配置资金的过程中结合政策目标。同时，预算绩效管理为了落实国家战略，满足国家政策的要求，采用多样化手段对国家战略进行转化，例如通过对战略进行分解、对支出进行审查的方式来实现国家战略的转化，这样也有利于绩效目标的有效实施。

其次，预算绩效管理是国家治理主体发挥作用的舞台。许多国家治理行动者都关注部门预算绩效管理。党委政府、人大、审计、社会等国家治理的行动者都在各自职责范围内推动预算绩效管理。

最后，预算绩效管理作为国家治理的重要工具，对国家治理现代化具有十分重要的意义。国家治理现代化有着自身独有的特点——分权化治理。而预算绩效管理并没有将总额控制与预算分权隔离开来，而是将两者结合起来。实际上，这种结合有利于实现组织形态的去行政化。总之，预算绩效管理已成为支撑分权化改革的重要工具。

预算绩效管理通过预算与绩效管理的一体化，在预算全过程中融入绩效的理念和方法，促进了预算的透明度和可问责性，提高了政府的执行力和公信力，有助于推进国家治理体系和能力现代化。

（三）预算绩效管理是构建和谐社会的必然选择

构建和谐社会，就必须坚持发展社会主义民主，完善民主权利保障制度，巩固人民当家作主的政治地位。具体到财政制度方面，就应该是构建一种价值机制，同时这种价值机制能够体现公共产品或公共产品服务的需求。另外，为了保证政府能够提供符合公众需求的公共产品服务，可以采取民主监督的方式。

政府预算制度本质上是一项保障民主权利的制度安排。预算能集中反映政府的各项经济活动，能帮助社会公众清晰地了解政府过去的情况、当前的状态和未来的计划。

按照构建和谐社会的要求，财政支出的绩效就是实现好、维护好、发展好最广大人民的根本利益。政府加强预算绩效管理，就是要将执政为民的理念贯彻在预算管理工作的始终，科学合理地配置资源并提高利用率。可以说，预算绩效管理的有效实施，在很大程度上调动了人民民主参与的热情，为人民民主预算权利提供了法律保障。同时，加强预算绩效管理提高了财政管理的透明度，也保障了公民的知情权，使公民能够参与其中。另外，预算绩效管理的有效实施，促进了预算运行机制的民主化和高效化。因此，可以说，预算绩效管理是构建和谐社会的必然选择。

1. 预算管理的绩效目标为公共利益的表达和协调提供了平台

预算管理以实现绩效为目标或以预算产出的结果为导向，实质是以公共利益为导向，体现了以人为本的重要思想和基本要求，与执政为民理念的要求一致，反映了构建社会主义和谐社会的根本价值取向。预算管理中的绩效目标管理体系，以绩效指标和绩效标准的方式，对民生需求和社会发展状况进行了相对精确、详细的刻画，建立了一个公共产品和服务的数量、质量和效果的量化表达方式，提供了一个政府与公众之间交流沟通的平台。

当公众通过一定的政治程序，参与到绩效 FI 标的设定中时，其就能更加直接、清晰地表达对公共产品和服务的需求，而政府也能通过这样的一个互动，争取公众对政府工作的理解和支持。同时，公众的个体需求往往差异较大，对同一个项目的评价也会有明显的不同。针对公众的多元需求，政府可以设置不同的绩效指标来平衡。对于个体对某种需求的数量差异问题，则可以通过设置指标的不同权重来协调。

简言之，预算绩效管理以绩效目标为载体，让公众利益得到更加全面的表达，并得到有效的平衡和科学协调，让各方在预算制定上达成共识。

2. 基于绩效的预算编制，推进了预算决策的科学化、民主化

预算编制的绩效依据，是绩效目标或者是上年绩效评价的结果。在拟订预算的绩效目标或开展支出绩效评价的过程中，需要进行广泛的数据搜集和认真的数据分析。对于重大的财政专业性项目的绩效，还需要组织专家对其进行评审。对涉及人民群众切身利益项目的绩效，还需要通过多种渠道和形式广泛听取公众意见。绩效目标和评价结果的形成过程实际上也是将公众和专家等主体的意见逐步引入预算编制的过程。

在实践中，有些地方人大开始要求本级政府在提交预算报告时提交绩效报告，并依据绩效报告来审议政府预算报告。一些地方政府在城乡社区中积极尝试参与式预算，让广大人民群众直接参与预算的决策，并取得了一定成效。借助于绩效这个交流平台和控制手段，参与式预算将得到进一步的推广和运用，这有利于探索发展基层直接民主，提升社会自治功能。

以绩效为依据编制的预算目标不仅可以提高预算的科学化、民主化水平，还可以最大限度地提高财政资源的配置效率。但从国内外的实践来看，预算的政治性阻碍了这一目标的实现，实现传统预算向预算绩效管理完整转变的过程是漫长的，绩效对预算决策的影响是有限的。然而，随着预算绩效管理体系的建立和完善，绩效理念将日益深入人心，也会逐步影响和改变政府、公众的思维方式和行为模式，绩效对预算决策的影响也会逐步扩大，预算决策也会更加科学化、民主化。

3. 支出绩效的评价结果，强化了社会公众对政府行为的控制

在政府与公众之间，政府处于天然的信息优势地位，信息的不对称增加了公众控制政府行为的难度。从投入、生产、产出三个环节来看，投入控制最为简单，但由于其存在生产过程的效率问题，着重控制政府投入的方向并不等于能让政府生产出令公众满意的公共产品和服务。与产出控制相比，生产控制最为琐碎和复杂，存在严重的信息不对称问题，控制难度最大。因此，产出控制成为最直接、最有效的方式，其实质就是以控制最后的结果来倒逼政府调整投入方向，提高生产效率。

支出绩效的评价结果有利于解决产出环节中的信息不对称问题，帮助公众进一步强化对政府行为的控制。因此，要不断提高预算的透明度，让人们能更有效地监督和制约政府行为，保证政府行为与决策能够真正为人民负责。但目前公开的内容主要是从财政投入的角度来说明财政资金的使用方向和内容的，较少涉及财政产出的结果和效果。

随着支出绩效评价体系的不断健全和完善，预算信息公开范围将进一步扩大，公众不仅会知道资金投到了哪里，而且还会知道资金投出去的效率情况，这为更有效地监督政府行为奠定了基础。同时，预算信息的进一步公开和相关政策的宣传，有助于培养全社会的公民意识和民主政治观念，提升公众对政治活动的参与程度，进一步推动社会主义民主政治建设。

三、预算绩效管理行动者

（一）核心部门：党委政府与财政部门

1. 党委政府

只有加强党委政府对预算绩效管理的领导，才能确保预算绩效管理工作沿着正确的方向前进，才能确保预算绩效管理工作的权威性和执行力。

《中共中央国务院关于全面实施预算绩效管理的意见》明确要求："要坚持党对全面实施预算绩效管理工作的领导，充分发挥党组织的领导作用，增强把方向、谋大局、定政策、促改革的能力和定力"。各级党委政府在预算绩效管理工作中要发挥好统筹指导、监督检查和奖惩激励的作用。

2. 财政部门

财政部门除了开展部门自身的预算绩效管理以外，还需要做好组织协调工作，发挥推动预算绩效管理工作的发动机和方向盘作用。财政部门在推动预算绩效管理工作中的主要职责包括4个方面：（1）建章立制；（2）开展财政全过程预算绩效管理；（3）组织协调；（4）监督问责。

（二）直线部门：预算部门

我国实施的部门预算制度决定了预算部门是实施预算绩效管理的重要主体，预算部门要在预算管理全过程中融入绩效管理理念和方法，提升部门预算资金的配置效率和使用效益。

预算部门在部门绩效管理中发挥着至关重要的作用。部门和单位的主要职责是负责本单位、本部门的预算绩效管理。同样的，项目预算绩效管理是由项目相关部门的责任人来负责的。另外，需要指出的是，为了保证预算绩效管理的有效性、科学性，绩效终身责任制在预算绩效管理中也是比较常见的一种制度。

预算部门需要在以下几个方面承担起部门预算绩效管理的主体责任：1. 制定具体实施方案；2. 开展部门全过程预算绩效管理；3. 实现部门预算绩效管理全覆盖；4. 理顺内部工作机制。

（三）监督部门：人大和审计部门

1. 人大

人大部门的主要作用就是预算审查监督。在这一过程中，内容涉及十分广泛，具体包括以下内容：

第一，财政转移支付绩效的审查监督；

第二，支出预算总量监督；

第三，政府收支的绩效审查；

第四，支出与投资的重大项目监督。

2. 审计

绩效审计是指国家审计机关对政府部门及其所属单位的财力、人力、物力和时间资源使用的经济性、效率性和效果性进行的审计。所谓经济性，是指以最低费用取得一定质量的资源，即支出是否节约，主要审查和评价政府投入的各种资源是否得到经济合理的利用；效率性，是指以一定的投入取得最大的产出或以最小的投入取得一定的产出，即支出是否讲究效率；效果性，是指在多大程度上达到政策目标、经营目标和其他预期结果。

审计机关开展绩效审计的主要职责包括：（1）开展重大政策落实的绩效审计；（2）公共资金运行绩效；（3）专项资金绩效审计；（4）国有资产运营绩效审计；（5）预算绩效管理工作情况审计。

（四）支撑部门：第三方专业机构和社会参与

社会参与的主要形式是第三方参与全过程预算绩效管理。第三方是指向委托方提供预算绩效管理工作相关服务的法人或其他组织，主要包括会计师事务所、资产评估机构、政府研究机构、高等院校、科研院所、社会咨询机构及其他评价组织等。另外，专家和公众也可以根据相关规定参与到预算绩效管理的全过程中。

在预算绩效管理工作中，委托方可将绩效目标论证评审、绩效跟踪、绩效评价等业务全部委托或部分委托给第三方机构承担。

第三方机构参与全过程预算绩效管理的一般程序包括入围遴选、签订委托协议、开展工作、验收等环节。

第三方机构开展全过程预算绩效管理的基本步骤包括委托受理、方案设计、实施评价、撰写报告、提交审核等环节。

四、预算绩效管理的范围

(一) 覆盖所有财政资金

按照《预算法》的规定，我国预算包括一般公共预算、政府性基金预算、国有资本经营预算、社会保险基金预算。

1. 一般公共预算绩效管理

《预算法》规定，一般公共预算是对以税收为主体的财政收入，用于安排保障和改善民生、推动经济社会发展、维护国家安全、维持国家机构正常运转等方面的收支预算。

一般公共预算绩效管理涉及的内容十分广泛，这里主要从收入和支出两个方面来对其进行分析。从收入的角度而言，一般公共预算绩效管理应该将重点放在收入的基本结构、相关方面的优惠政策以及在优惠政策指导下的实施效果等方面。从支出的角度而言，一般公共预算绩效管理应该将重点放在资金配置、预算资金的使用效益等方面。同时，还应该关注一些重大项目在具体实施中的效果。另外，从支出层面讲，一般公共预算绩效管理也要注重区域发展的均衡性。

2. 政府性基金预算绩效管理

政府性基金预算应当根据基金项目收入情况和实际支出需要，按基金项目编制，做到以收定支。

政府性基金预算绩效在具体的管理中，也应该有侧重点。例如，基金政策设立的延续依据、具体的使用效果等都是政府性基金预算绩效管理应该重视的问题。另外，地方政府除了关注上述重点外，还要将重点放在专项债务上，认真考虑自己对其的支撑能力。

3. 国有资本经营预算绩效管理

国有资本经营预算应当按照收支平衡的原则编制，不列赤字，并安排资金调入一般公共预算。

4. 社会保险基金预算绩效管理

社会保险基金预算是指对社会保险缴款、一般公共预算安排和其他方式筹集的资金，专项用于社会保险的收支预算。社会保险基金预算应当按照统筹层次和社会保险项目分别编制，做到收支平衡。

社会保险基金预算绩效管理重点关注各类社会保险基金收支政策效果、基金管理、精算平衡、地区结构、运行风险等情况。

（二）覆盖所有主体

1. 各级政府

预算绩效管理应该包括各级政府的收支预算。这就要求各级政府在收支预算方面都要注重质量、统筹兼顾、实事求是，从而使收支预算符合当前经济的发展。

2. 预算部门和单位

预算绩效管理也应该包括预算部门和单位的预算收支。这就要求部门和单位在行使管理自主权时应注重预算收支管理。

3. 政策和项目

在绩效管理中，政策和项目也是重要的内容。要对政策和项目的数量、时效、成本、质量、效益等方面进行核算。比较重大的项目需要进行实时跟踪，例如，有的项目周期会超过一年，这样的项目就需要进行整个周期的监控，在项目实施的过程中，要建立动态的评价机制，在项目完成后，对于绩效较低的政策就需要在下一个项目中剔除。

五、预算绩效管理的过程系统

预算绩效管理是以"预算"为对象开展的绩效管理，也就是将绩效管理理念和绩效管理方法贯穿于预算编制、执行、决算等预算管理全过程，并实现与预算管理有机融合的预算管理模式。

（一）预算编制环节

预算编制阶段的预算绩效管理主要包括事前绩效评估和绩效目标管理。
事前绩效评估在项目立项之前进行，是项目立项和审批的前置程序。
在绩效目标中，需要将预算资金的产出反映出来，同时也将对其效果做出一定的预判，这都需要反映在绩效目标中并对其进行量化。总的来说，绩效目标的管理包含三个方面的环节：第一个环节是设定绩效目标，第二个环节是审核绩效目标，第三个环节是批复绩效目标。

（二）预算执行环节

预算执行环节的绩效管理是非常重要的环节，在这个阶段中重要的工作是对绩效的运行实施良好的监控。无论是哪个部门，在进行绩效运行监控时都要坚持"谁支出谁负责"的原则。绩效目标是在合理的核算之后制定出来的，需要实行"双监控"的策略，一方面对绩效目标的实现程度进行监控，另一方面对项目的预算执行情况进行监控。在监控时，工作人员一定要及时地发现问题，并予以解决，从而使绩效目标更好地实现。

（三）决算与财务报告环节

决算与财务报告环节开展的绩效管理活动主要是绩效评价和绩效报告。

预算绩效评价在这个环节十分重要，通常情况下，预算绩效评价有三种方式，其一是部门单位自评，其二是财务部门的评价，其三是第三方评价。当预算执行结束之后，就需要相关部门对每个单位的绩效目标进行核算，对整个项目的参与方进行绩效自评，然后生成一个自评报告交给财务部门。财务部门对每个项目进行预算核算时，也需要对部门自身的工作进行评价，从而保证财务的公正、公平、公开、透明。在每个部门进行绩效评价时，为了提高评价的公正性和公平性，还可以将第三方评价机构引入进来。

评价结果要按照格式要求编写完成绩效报告，绩效报告按照程序向财政部门、政府和人大等相关主体报告，并按照相关规定公开绩效信息。

（四）预算绩效反馈和预算监督环节的绩效管理

1. 预算反馈

预算绩效反馈意味着将预算编制、执行和决算等环节的绩效信息反馈给相关主体，实现绩效结果运用。

2. 预算监督

预算监督作为预算管理的控制系统，对预算编制、执行和决算各个环节都产生影响。绩效信息公开既是推动预算绩效的手段，也是对预算绩效进行监督的重要形式。

除此之外，各级党委政府、纪委监委、人民群众都为预算绩效管理提供了强有力的监督。

六、预算绩效管理的支撑系统

（一）文化支撑

预算绩效文化是人们对预算过程中引入绩效的基本认知、价值取向和态度。

从投入、过程导向转为结果导向是预算绩效管理文化的基本特征，是预算绩效文化的重大变迁，涉及公务员行政习惯的改变和行政能力的更新。结果导向意味着在编制预算时就要清晰阐明申请预算资金所要实现的产出和效果，这要求行政人员更具前瞻性和预见性，更需要以一种中长期的观点来筹划未来的政策和资源分配，需要促使行政文化和行政习惯从"先要钱再找事"转化为"以事定费"。

（二）制度支撑

推动预算绩效管理工作，必须有法可依，有矩可循，通过建立完善的制度体系，有助于预算绩效管理的复制、推广和深化。预算绩效管理制度可以划分为以下几个层级。

一是法律法规层面。法律法规层面的制度具有根本性，是预算绩效管理的依据和保障。

二是政策规定层面。各级党委政府出台的推进预算绩效管理的政策，是开展预算绩效管理的基本遵循。

三是办法措施层面。包括以下内容：第一，对预算管理的主要环节来实施，包括一些绩效的目标、过程、结果、评价等方面；第二，将专家咨询制度纳入进来，同时还要增加一些第三方机构的核算；第三，关于预算绩效的标准方面，需要建立一个完善的体系；第四，建立评估评价方法体系。

（三）信息支撑

绩效信息是预算绩效管理的血液，贯穿于绩效管理的全过程，如何利用好绩效信息是绩效管理的关键。绩效信息与预算分配紧密相关；绩效信息与信息公开相关；绩效信息为预算管理模式的转变提供了基础。

近年来，云计算、移动互联网和大数据等现代信息技术飞速发展，其不仅对已有的财政信息系统带来了挑战，也为预算绩效系统的融入提供了机遇。在新信息技术平台上，加强顶层设计，统一规划，统一标准，将预算绩效管理全流程融入财政管理系统，实现"以数据为中心"的财政信息化，是未来的发展方向。

（四）配套支撑

涉及预算绩效管理的主要配套制度包括以下5个方面。

1. 中期财政规划

一是中期财政规划有助于绩效目标管理。

二是中期财政规划为事前绩效评估提供了前提基础。

三是中期财政规划为全覆盖预算绩效管理提供了基础。

2. 政府收支分类

政府收支分类体系由"收入分类""支出功能分类""支出经济分类"三部分构成。

规范政府收支分类体系，有助于将全部收支纳入预算绩效管理，为不同政府、部门（单位）、支出类型之间的比较提供统一标准和口径，有助于对绩效管理和绩效信息进行深入分析。

一是政府收支分类为绩效目标的归类提供了框架。

二是政府收支分类为开展政府宏观层面的绩效分析提供了基础。

三是政府收支分类有助于提高绩效公开的标准化程度。

3. 项目支出标准

在项目支出中，有必要制定一个定额标准，这是为了对预算进行合理的管理。在制定这个标准时，通常根据经济发展水平、项目耗资水平、项目工作内容等来确定。

一是项目支出标准与成本信息直接相关。

二是项目支出标准为开展全成本预算绩效管理提供了参照。

三是项目支出标准是实现预算与绩效管理一体化的纽带。

4. 国库现金管理

国库现金管理是在确保国库资金安全完整和财政支出需要的前提下，对国库现金进行有效的运作管理，以实现国库闲置现金余额最小化、投资收益最大化等一系列财政资金管理活动。

国库现金管理不仅为提高资金使用效率提供了有效支撑，也有利于预算绩效管理推进。

一是国库单一账户体系为政府预算绩效管理提供了数据支撑。

二是国库现金管理与债务管理紧密结合，有助于开展政府层面的预算绩效管理。

三是国库现金管理的库底目标余额制度影响资金使用效益。

5. 权责发生制政府综合财务报告

我国实行的财政制度是以收付实现制作为会计核算基础的决算报告制度。该制度主要根据收付情况实现政府会计核算，可以将政府的每年收支情况进行准确核算。但是随着我国市场经济越来越繁荣，仅仅使用决算报告制度已经无法满足政府财务核算的需求，例如，政府的资产负债和成本费用无法清晰地核算出来，不利于政府将财政问题找出来，并且不利于提高政府的资产管理水平。因此，为了建立现代化的财政管理制度，我国开始了全面的政府会计改革，建立了权责发生制政府综合财务报告制度。该制度可以更好地核算政府财务状况。

与收付实现制相比,权责发生制为政府绩效评价提供了有效的信息基础。权责发生制计量的重点是经济资源及其变化,可以记录政府拥有和运营资产的经常性成本,揭示特定政府行为的所有成本,为政府绩效的经济性和效率性评价提供了支撑。

总之,权责发生制政府综合财务报告制度为绩效信息的核算和披露提供了基本规范,有助于财务信息与绩效信息的对接融合,有助于成本分摊和核算,有助于实现绩效信息与政府财务报告的有机衔接。推进权责发生制政府综合财务报告制度为预算绩效管理的开展奠定了会计和财务基础。

第二节 行政事业单位预算绩效管理

一、行政事业单位预算和绩效管理一体化顶层设计

实现预算与绩效一体化管理是内部管理改革的一个重要方向,行政事业单位领导应对其加以重视,实现二者的深入融合,使预算管理与绩效管理相辅相成、相互促进,提高行政事业单位的内部控制水平,为行政事业单位的健康发展提供保障。预算和绩效管理一体化顶层设计是保障内部控制工作得以顺利实施的重要基础。然而,目前行政事业单位预算和绩效管理一体化中关于顶层设计还存在很多问题,如主体责任不明确、制度体系不健全等,因此,相关工作人员应加强对预算和绩效管理一体化顶层设计的研究与优化。

(一) 行政事业单位实施预算和绩效管理一体化的必要性

新时期的发展对行政事业单位内部管控的要求越发严格,既要提高公共服务水平、不断拓展业务工作,同时还要严格地控制业务运行成本,实现资源与能源的优化配置,这是目前行政事业单位得以稳定发展的重要前提与保障。而传统的行政事业单位的预算和绩效管理模式已经难以满足新时期的要求,实施与开展预算和绩效管理一体化已经成为事业单位的必然选择。

其一,是推动行政事业单位高质量发展的必然需要。行政事业单位是政府直接管辖的机构,在以往的行政事业单位发展中,领导与管理者缺乏预算和绩效管理意识,虽然也成立了专门负责预算和绩效管理工作的部门,但是由于缺乏健全的制度体系以及目标和标准,预算和绩效管理工作形同虚设,并不能有效发挥其应有的价值和作用,而且行政事业单位资金使用效益较低以及资源配置不合理等也严重影响了其自身的健康发展。通过实施

预算和绩效管理一体化，能够在行政事业单位内部形成"花钱必问效、无效必问责"的预算与绩效管理思维和理念，对每一项资金的收入与支出都能做到科学预算和管理，可以最大限度地提高资金的使用效益，减少资源能源的过度消耗以及资金的过度浪费。

其二，是实现行政事业单位业务正常运转的必然需要。在社会建设与发展的推动下，行政事业单位的业务项目也不断增多。在以往的行政事业单位发展中，对预算及绩效的重视度不够，没有形成科学的项目预算管理以及有效的绩效评价体系，难以发现项目发展中存在的问题，导致行政事业单位不可避免地遭受一些损失；再加上行政事业单位的领导及管理人员缺乏预算意识，时常会因为资金以及资源的短缺而导致业务项目中途停止，严重影响了行政事业单位自身的发展，也会影响我国公共服务事业的发展。借助预算和绩效管理一体化，行政事业单位能够根据各项业务工作开展的实际需求，制定科学的预算目标，并通过对预算执行的有效监督以及预算结果的评价反馈等，促进行政事业单位各项业务工作的高效开展。

其三，是实现我国现代财税体制建设优化的必然要求。近年来，随着我国经济的不断发展，政府部门对我国财税体制进行了相应的优化和调整，并颁布了相关的决策部署。虽然在政府部门政策的支持下，现代财税体制改革取得了一定的成效，但是从整体上来看，行政事业单位的管理中还是存在一些问题，对我国财税体制的改革与优化形成了一定的阻碍。在预算和绩效管理一体化的支持下，不仅能够对行政事业单位中的业务项目进行科学的预算，还能够对各个部门的运营管理进行科学规划，对行政事业单位整体的财政收支绩效以及财政政策绩效进行科学预算。在预算和绩效管理一体化建设中，行政事业单位的资源配置越来越科学，各项管理工作也越来越规范，对我国构建现代化财税体制有很好的促进作用。

（二）行政事业单位预算和绩效管理一体化顶层设计中存在的问题

我国政府部门对于行政事业单位预算和绩效管理一体化的实施情况给予了高度关注，并且对行政事业单位进行了专业的指导，力求使预算和绩效管理一体化真正在行政事业单位的发展中发挥作用。虽然目前我国很多地区的行政事业单位已经开始实施预算和绩效管理一体化，但是从整体来看，还存在以下几方面的问题。

其一，组织结构不健全，主体责任不明确。部分行政事业单位虽然已经开始实施预算和绩效管理一体化，但是并没有根据该项工作开展的需求而成立专门的预算绩效管理专职机构，安排专门的工作人员负责，明确工作职责，而是将这项工作交给了财务部门，由财务工作人员兼职负责，这样就会导致财务人员因专业水平不足以及精力不够而影响预算和绩效管理一体化的实施效果。另外，在预算和绩效管理一体化中涉及的工作内容较多，工作流程也相对复杂，涉及多个部门的协作，但是行政事业单位并没有对主体责任进行明确，导致出现问题后没有负责的部门和主体，也会严重影响行政事业单位预算和绩效管理一体化的建设和发展。

其二，缺乏完善的制度体系。完善合理的制度体系可以为行政事业单位的各项管理工作提供科学有效的指导，并对工作人员的行为进行约束，实现管理工作的规范化与标准化。然而，由于行政事业单位对预算管理工作不够重视，行政事业单位并没有根据预算和绩效管理一体化的工作需求制定相关的制度标准，由此导致缺少制度的指导和约束，工作中会出现各种问题影响预算和绩效管理一体化的工作质量。特别是在绩效评价指标以及预算编制标准等方面要求比较严格，没有健全的制度标准会导致工作人员在开展该项工作的过程中凭经验的情况较多，最终造成严重的工作偏差，给行政事业单位的发展造成巨大的影响。因此，相关工作人员应该结合预算和绩效管理一体化的实施需求，对相关的制度以及管理机制进行优化和完善。

其三，预算和绩效管理一体化的具体流程不明确。在落实预算和绩效管理一体化的过程中，需要相关工作人员明确具体的工作流程，与传统的预算管理工作区分开，了解预算和绩效管理一体化的具体工作流程以及工作要点，结合行政事业单位自身的特点及发展需求对该项工作的工作流程进行优化。目前来看，行政事业单位在预算和绩效管理一体化方面还没有明确具体的流程，相关的工作流程还需要进一步优化，这一点也应该得到有关领导以及管理人员的高度重视。

其四，预算和绩效管理一体化的基础工作需要加强。行政事业单位在实施与开展预算和绩效管理一体化的过程中，还需要有扎实的管理工作基础作为保障，例如，有健全的信息化基础设施建设，为预算和绩效管理一体化提供良好的信息化系统与信息技术，与此同时，也需要在行政事业单位内部形成良好的预算和绩效管理一体化的环境，获得单位员工的认可和支持。然而，现实发展中，行政事业单位在预算和绩效管理一体化的基础保障工作方面还存在不足，仍然需要进一步加强基础保障工作。

（三）行政事业单位预算和绩效管理一体化顶层设计优化策略

1. 健全组织结构，明确主体责任

行政事业单位在落实预算与绩效管理一体化的过程中，最先要做好的就是对组织结构的建设以及对主体责任的明确，这是预算和绩效管理一体化实施的重要基础和前提。行政事业单位的领导和管理人员应该认识到组织结构健全以及主体责任明确的重要性和必要性，并结合行政事业单位自身发展情况以及预算和绩效管理一体化实施的需求，从以下几

方面来进行组织结构的健全和主体责任的明确。其一，构建预算和绩效管理一体化的专职机构。传统行政事业单位在开展这项工作时，直接将预算和绩效管理一体化工作分配给了财务部门，并由财务人员兼职负责各项预算和绩效一体化管理工作，使得工作因工作人员专业性不足而无法保障质量。因此，相关领导应该与财务部门沟通，构建专门负责预算和绩效管理一体化的专职机构，并结合工作的需求配备足够数量的专业管理人员，对该专职机构的职责以及工作内容进行明确，并将工作进行细分，落实到每一位管理人员的身上，这样就能够保障在预算和绩效管理一体化中各个管理人员都能明确自身的工作内容，提高预算和绩效管理一体化的落实程度。其二，明确主体责任，发挥好各自的职责作用。在行政事业单位中要对预算和绩效管理一体化的责任主体进行明确，并完善相关的责任制度，这样可以让各个责任主体都能够履行自身的责任，全面推进预算和绩效管理一体化的落实。首先，行政事业单位的主要领导人是预算和绩效管理一体化中的最重要的责任主体，应该履行好自身的领导责任。其次，明确预算管理部门的责任，对预算管理部门的工作重新进行定位，并制定健全的责任制度，使其可以做好预算绩效管理工作的落实。再次，行政事业单位的项目部门也是该项工作中的重要责任主体，承担着项目预算的重要责任，需要根据预算和绩效管理一体化的相关要求，落实好项目预算的各项工作。最后，行政事业单位所有部门都应该承担起预算和绩效管理一体化中的管理责任，负责各自岗位工作中涉及的预算执行与监督的工作。

2. 加强制度体系的建设与完善

预算和绩效管理一体化的实施，还需要行政事业单位具备一套健全的制度体系。领导和管理者结合预算和绩效管理一体化的相关要求，对管理制度与标准进行优化和完善，具体从以下几方面来实施。其一，完善预算编制制度。传统的预算编制制度建设中缺少绩效管理理念的融入，在预算和绩效管理一体化的发展中，需要结合绩效管理理念的相关要求，对预算编制制度进行完善和优化，在绩效管理的基础上为预算编制制定明确的目标，保障预算编制工作更加科学有效。其二，构建健全的预算执行监督机制。预算和绩效管理一体化中关于预算执行的监督工作也需要进行改进和优化，具体需要将绩效考核评价作为预算执行监督的一个重要衡量标准，通过制定科学的绩效评价标准，对行政事业单位中预算执行的情况进行考核与评价，从而提高预算执行监督的质量。

3. 明确预算和绩效管理一体化的具体流程

在行政事业单位的发展中，进行预算和绩效管理一体化的顶层设计，还需要对预算和绩效管理一体化的具体流程进行明确。掌握准确的管理流程，才能在后续的预算和绩效管理一体化工作的实施与开展中，针对性地进行工作细节的优化和改进。从理论层面来看，预算和绩效管理一体化中,首先,需要进行规范化的预算编制。预算编制工作中绩效管理的融入主要是在预算编制之前,通过绩效管理的方式为预算编制提供可靠的信息依据,在绩效编制的过程中还要考虑预算编制是否与绩效目标的要求相一致,是否可以通过该预算编制促进绩效目标的实现等,通过二者的融合实现预算编制的优化。其次,要落实好预算的执行。预算执行中通过与绩效管理的融合可以实现绩效评价为预算执行提供方向,为其提供科学的指导,保障预算执行的有效性。最后,要做好绩效评价与评价结果的运用工作。通过绩效评价可以解决预算管理中遇到的问题,通过将评价结果合理地运用到预算和绩效管理一体化的整改中,可以不断提高行政事业单位预算和绩效管理一体化的工作质量。

4. 夯实预算和绩效管理一体化的基础工作

为确保预算和绩效管理一体化在行政事业单位中的有效落实,在顶层设计中需要落实好基础保障工作。首先,加强对信息化管理系统的建设与完善。借鉴其他企业或者国外在预算和绩效管理一体化信息管理系统建设方面的经验,构建完善的数据库,同时要利用信息技术和智能技术对预算和绩效管理一体化中的各项数据、信息进行实时监控以及安全的传递和保存。其次,行政事业单位要做好预算和绩效管理一体化的宣传工作。让单位的全体工作人员对预算和绩效管理一体化的具体工作内容、工作流程以及该项工作实施开展的重要价值等有所了解,从而在行政事业单位内部形成良好的预算和绩效管理一体化的工作氛围,使所有员工和部门都能对该项工作给予认可和支持。

二、数字化背景下行政事业单位预算绩效管理

(一) 数字化背景下行政事业单位绩效管理的应用价值

1. 有利于促进单位资金管控优化升级

在开展绩效管理工作时,行政事业单位应结合国家相关部门提出的要求,让公共财政分配变得更加合理和规范。在实施预算绩效管理过程中,应结合时代发展,加强预算绩效管理数字化建设,对预算支出成效进行导向判断,并以此作为综合评估的依据,对各级单位财政资金产出成果进行科学指导,加强各部门之间联动,提高行政事业单位预算绩效管理水平。

2. 有利于提高单位绩效管理水平

通过建立数字化平台,让绩效管理变得更加专业,在行政事业单位内部实现数字化发展有着重要意义。在便捷性操作问题方面,系统管理人员可以设置对应的权限,让使用部

门根据实际权限自行登录和使用，获取所需的信息，从而提高财政预算资金使用效率。在保证数据采集质量的同时，数据形式会更加多样，数字结构更有兼容性，不仅实现由静态数据调整为动态数据，也能在数字化模式下，通过采取多种数据保存方式，避免重要数据丢失。

此外，对于财政资金绩效管理数字化，行政事业单位可以利用现代化技术建立应急处理系统，便于将各项数据信息进行整理和处理，保持系统之间联系，给预算绩效管理工作顺利进行提供数据支持；打破传统指标的局限性，对各类数据进行整合，及时找到管理工作中存在的问题；完善行政事业单位预算绩效管理体系，确定考核周期，在横向比较过程中进行改革优化，赋予对应的管理权限，有效提高行政事业单位预算绩效管理水平。

3. 有利于推动财政资金聚力增效

在实施预算绩效管理时，要求各级政府部门把收支预算融入预算绩效管理中，科学构建完善的绩效管理体系，减少无效低效资金，盘活长期冗余的资金，有效提高资金使用水平和效益，推动财政资金聚力增效。

行政事业单位结合时代发展，加强数字化平台建设，完善预算绩效管理体系和评价制度，对各项活动进行跟踪调查，从事前、事中、事后等方面入手进行动态监管。在数字化技术支持下，促进单位决策管理水平提高，让财政资金使用变得更加规范，避免资源随意消耗或者浪费。

（二）数字化背景下行政事业单位预算绩效管理的优化对策

1. 增强预算绩效管理意识，加强宣传教育

首先，加强组织保障。促进预算绩效管理数字化发展，并非一个部门就能实现的，还要在各个部门的配合下，通过建立网络平台，把各个部门进行整合，通过数据有效传递，促进各部门之间深入交流。这样不但能够实现各部门之间互通，也便于各部门之间监督，减少预算绩效管理问题发生。

其次，通过线上线下结合方式，加强宣传教育。在之前宣传中，主要以线下集中培训方式为主，通过集中大量信息的突击式宣传方式，整体效果并不理想，信息更新不及时。在这种情况下，应对宣传方式进行调整，注重线上宣传，让预算绩效管理人员在实际操中及时找到存在问题，有效提高预算绩效管理水平，获得理想的管理效果。

2. 构建完善的预算绩效管理体系

在数字化背景下，通过建立信息化管理系统，系统构建预算绩效管理体系，科学设定绩效管理目标，加强预算执行跟踪调查，就能形成一套完善的绩效评价机制。在设计绩效

评价指标体系过程中，需要从预算编制、预算执行、预算绩效管理、绩效考核等多方面入手，对预算绩效管理模式进行改革创新，综合评价预算绩效管理效果。

首先，行政事业单位可以借助现有软件系统，成立预算项目库，保证各个部门结合历史数据进行预算编制。

其次，细化预算项目指标库，规范预算管理流程，根据部门分类把预算指标融入预算编制软件，规范预算管理流程。通过使用数字化技术，把绩效指标和单位部门资金规划相结合，利用数字化系统进行比较分析，科学预测资金需求和预算匹配度，快速完成绩效指标。

最后，通过为行政事业单位各个部门和第三方机构参与绩效评价建立信息交流系统，对第三方机构参与预算绩效评价活动的行为进行约束，给各个单位提供公开且透明的信息，选择优质第三方机构，为预算绩效管理提质增效提供支持。

3. 加强信息化建设，强化绩效沟通

通过加强信息化建设，可以促进行政事业单位预算绩效管理工作有序进行，提供真实的反馈结果，让行政事业单位更好地履行职责。行政事业单位应根据单位实际情况设置软件开发、系统维护等部门，研发出满足行政事业单位发展需求的业务模块，在互联网技术和财政部门的支持下，加强预算和绩效管理一体化系统建设，优化绩效网络化管理系统，以便于对行政事业单位信息进行整合与分析，实施动态监管。

不管是哪种操作方式，都要保证资金流动的合理性和透明性。在模块设计中，要把信息技术应用其中，加大资金投放力度，对成本效益进行综合分析，利用信息技术，细化预算单位事前评估、事中管理和事后评价整个过程。要通过加强信息化管理，控制好各个模块的运行情况，及时找到模块运行中存在的风险并做好防控工作。通过这种方式，让信息化平台和行政事业单位发展战略高度统一，让设备、人力等协调一致，真正实现绩效管理模式升级。

除此之外，在加强绩效交流方面，行政事业单位应在开展预算绩效管理工作前期，把各个部门预算绩效执行方案进行统一处理。各个部门应根据预算方案执行结果，促进各部门之间加强衔接，快速完成预算绩效工作指标。行政事业单位应加强各部门之间信息交流，除了要做好本职工作之外，还要了解其他部门工作情况和进度，结合单位整体发展情况，对工作内容进行调整，便于单位各个部门进行协调配合。

4. 加强预算绩效评价监督，加大约束力度

首先，确定预算绩效监督评价责任主体。预算绩效管理并非只是财政部门的工作职责，应加强多方联动参与，完善信息化系统组织机制，尤其是人大等相关部门应借助数字

化技术对预算绩效管理实施过程进行审核与监管，审计部门可通过使用相关系统从事前、事中、事后多个方面进行审计监督。

其次，完善动态监督、智能分析的预算绩效监督评价机制。在数字化思维理念下，要让预算绩效监督评价更加全面和具体，从"台前"转变为"幕后"，通过建立完善的预算指标体系实施对标管理，适当扩充考核监管范畴。尤其是利用数字化技术，对资金分配情况进行评估，及时找到资金使用中存在的风险问题，加强风险预警和防控。

再次，完善激励机制，加强预算绩效考核，鼓励更多人员参与绩效考核活动，通过正向激励和容错纠错，调动各级人员工作主动性和积极性。可通过系统平台对评价指标和考核结果进行细化处理，形成百分制量化考评方法，把绩效评价结果和选人用人进行结合，让相关人员工作意识不断增强，有效提高行政事业单位整体工作水平。

最后，通过使用互联网技术和数字融媒体，建立微信公众号，将预算绩效管理执行情况和工作结果对外公布，采用数字问政等方式让更多人员参与绩效评价活动中，接受社会监督，规范单位管理人员工作行为，提高单位公信力，推动行政事业单位更好发展。

三、内控视角下行政事业单位预算绩效管理的优化

（一）内部控制与预算绩效管理之间的相互关系

首先，行政事业单位内控工作与绩效考核工作的总体目标是一致的，行政事业单位通过预算绩效考核工作可以使财政资金充分地发挥使用效率，促使行政事业单位公益服务与行政职权顺利开展，这个目标同时也是内部控制的目标。其次，内部控制的相关流程与预算绩效考核的流程已经涉及行政事业单位所有经济活动当中，它们都将对行政事业单位经济业务活动进行有效的监控，两项工作能否顺利开展与发挥作用，均取决于业务处室、工作人员的配合。综上，二者之间呈现出互相促进的关系，行政事业单位在强化预算管理与绩效管理工作前，应研究本单位制定的内部控制制度，从内控角度展开分析与研究。

（二）内控视角下优化行政事业单位预算绩效管理的措施

1. 确保预算指标的科学、可行

在新《预算法》出台并实施的新形势下，行政事业单位应强化预算编制，并制定可行的预算绩效考核指标体系。首先，行政事业单位财务人员在编制预算指标前，应认真学习财政部门印发的预算编制管理办法，也可聘请中介机构参与预算编制工作，提升行政事业单位预算编制的综合水平。其次，财务人员在编制预算指标时，应参考往年历史决算数据，尽力避免因财务人员主观判断错误，而造成预算指标与实际脱节的风险。同时，将行

政事业单位长远的战略目标与预算编制相结合,保证预算指标体系的科学性、战略性。此外,预算管理与绩效考核工作既需要行政事业单位全部工作人员的参与,还需要将预算管理与绩效考核流程渗入到行政事业单位各个流程,实现对经济业务活动、预算管理工作的全程监控。因此,在新《预算法》《事业单位内部控制制度规范》及信息化应用的背景下,行政事业单位应对预算管理流程进行细化,通过内部控制中的授权审批、会计复核、内部审计等手段,来强化预算管理工作流程的规范性,通过业务培训来提升行政事业单位财务人员预算管理水平。

2. 建立完善的内部控制体系

行政事业单位应按照《行政事业单位内部控制规范》的要求,将预算绩效管理工作与内部控制制度相结合,建立、健全行政事业单位内部控制制度体系。首先,在制度中,应强调行政事业单位领导对内控工作、绩效管理工作的重视,通过成立预算管理、绩效管理、内部控制等独立部门,确保内部控制制度顺利实施。其次,对内部控制制度进行完善,通过制度明确业务处室领导、工作人员在预算管理、绩效考核工作的具体职责与义务,以达到规范预算管理流程的目的。同时,根据预算管理流程与行政事业单位实际情况,制定不相容岗位分离、授权审批等内控程序,避免个别工作人员出现财经违纪行为。为了保证行政事业单位内部各业务部门之间高效运行,内部控制制度中应强调协同机制,包括部门之间、部门与外界之间的协同。此外,行政事业单位在建立内部控制、绩效管理制度的同时,应引入大数据、互联网信息化技术,在内部建立预算数据库,使业务部门数据、预算数据、会计数据在内部实现共享,提高行政事业单位绩效管理、内部控制管理工作的效率。在预算绩效监控制度中,行政事业单位应强化内部控制中的内部审计职责,通过对内部控制执行情况、预算管理情况进行审计,实现对行政事业单位经济业务活动的全程监控,督促绩效管理目标的实现。此外,要严格按照《政府信息公开条例》要求,在指定或官方网站公布预决算、"三公经费"等信息,接受社会各界广泛的监督,促使行政事业单位认真贯彻执行预算管理制度。

3. 完善行政事业单位绩效评价指标体系

绩效考核工作是推动行政事业单位预算管理、内部控制运行的有效措施。面对目前行政事业单位绩效评价指标不健全的问题,行政事业单位应从以下几方面入手。一是保证绩效评价工作的独立开展。行政事业单位应针对预算管理制定专门、可行的绩效评价指标,指标内容应涵盖行政事业单位各个业务部门及工作人员,通过对指标的考核来调动行政事业单位工作人员参与预算管理工作的积极性。二是绩效考核指标应具有一定的科学性。行政事业单位为了保证绩效考核指标真正发生作用并确保制度真正落实,就应该使评价考核指标与行政事业单位实际情况相符,以便行政事业单位能够及时发现预算管理工作中存在的问题。同时,在考核评价的时间方面,应将定期与随机考核结合,根据日常预算执行制定重点检查对象,并且根据年初检查计划开展常规检查,及时排查行政事业单位预算管理中的问题。此外,还要重视审计、财政等机关对预算管理及绩效考核工作的监督检查,根据检查结果认真进行整改。

4. 强化行政事业单位风险防控

新时期,行政事业单位必须要树立起风险管理意识,确保行政事业单位行政职能与社会公益服务目标的实现。因此,行政事业单位应进一步完善风险防范机制,通过制定预警指标来对风险进行识别、分析、处置,为行政事业单位管理层提供有效的风险防控方案,并在提高预算绩效考核管理工作的基础上,不断降低行政事业单位风险。此外,行政事业单位应通过将信息化技术手段与风险预警体系相结合,将监控手段嵌入到预算的编制、审批、执行与考核工作当中,及时发现各业务部门在预算管理过程中的关键风险因素,并通过大数据分析手段,对相关数据进行比对、梳理、汇总,及时发现财务核算、内部控制、预算管理中的漏洞。行政事业单位还应通过制定岗位责任制度,将预算管理目标、风险预警目标层层分解到每个业务部门工作人员身上,调动起单位内部工作人员参与绩效管理、预算管理、内部控制执行的积极性。最后,行政事业单位应通过内部审计手段,对会计核算中、报表出具中的错误进行审计,帮助财务部门及时进行整改,避免财务风险及会计差错的出现。

5. 强化内部控制与预算绩效管理相关培训

行政事业单位应在内部对绩效管理、内部控制流程、制度及作用进行广泛宣传,使工作人员树立起正确的内控与绩效管理意识。首先,行政事业单位管理者应提高对预算绩效管理与内部控制工作的重视程度,强化财政资金使用效率的提升,使行政事业单位内部业务部门、工作人员能够真正参与到绩效管理与内部控制工作中来。其次,为了保证绩效管理与内部控制工作的顺利开展,行政事业单位应进一步提高绩效管理与内部控制工作人员的综合业务能力。同时,行政事业单位管理层及中层领导也应该积极参与有关内部控制与预算绩效管理相关培训活动,使行政事业单位领导干部能够真正将绩效理念和方法深度融入预算编制、执行、监督的全过程,构建事前、事中、事后绩效管理闭环系统,带领其他工作人员真正融入到内部控制与绩效管理工作当中,为其发展及目标的实现贡献力量。此外,行政事业单位所有员工均需要通过培训掌握预算绩效管理以及内部控制的相关知识,进而为预算绩效管理以及内部控制工作的开展提供有效配合和支持。

四、行政事业单位预算绩效评价

（一）行政事业单位预算绩效评价的意义

预算绩效评价体系的有效运行能够真实反映出行政事业单位的资金流动情况。从行政事业单位预算绩效评价的意义上看，主要表现在以下三个方面。一是有利于规范资金的使用。在预算绩效评价体系下，做好行政事业单位资金使用情况各项指标的分析和判断，可以使资金得到有效管理，从而推进部门预算绩效管理的顺利实施。二是有利于约束行政人员行为。行政事业单位采用预算绩效评价工作方式，可以强化行政事业单位的主体责任意识，约束行政人员的资金使用行为，避免出现公共资金被调用的现象，从而起到有效避免资金滥用的作用。三是有利于提升行政工作质量。预算绩效评价作为财政科学化、精细化管理的有效途径，可以在预算编制时处理好资金配比，强化预算支出责任和效率，使预算支出更加合理、有效，进而促进行政事业单位高质量发展。

（二）行政事业单位预算绩效评价工作存在的问题

1. 预算绩效评价的重视度不足

预算绩效评价在行政事业单位中至关重要，但事实上有些行政事业单位对此不够重视，在思想认识领域忽视了预算绩效评价工作，在预算管理工作开展中，对绩效评价部分的管理仍然很薄弱，大多数人关心的仍是资金的分配情况，仍以粗放式的"求多求剩"管理预算，缺少绩效评价概念。有些行政事业单位虽然意识到预算绩效评价的重要性，但执行层面不能落实绩效评价工作，致使预算绩效评价形同虚设，难以发挥应有的作用。

2. 预算绩效评价方法单一

预算绩效评价方法在一定程度上对行政事业单位造成了影响，现如今由于预算绩效评价方法不合理，造成预算绩效评价效果不理想。预算绩效评价方法的科学性决定了行政事业单位的评价效果，单一化的绩效评价方法有其自身的局限性。由于行政事业单位缺乏对预算绩效评价方法的深入思考，在评价方法的选择上忽视了单位的实际情况，一味地套用评价方法，不利于预算项目评价工作的开展，致使预算绩效评价陷入困境。

3. 预算绩效评价体系不健全

预算绩效评价体系不健全，缺乏对行政事业单位整体预算管理工作的设计，具体表现在预算绩效评价组织体系不到位，缺乏相应的预算绩效评价组织领导；预算绩效评价的制度体系不健全，当前行政事业单位预算管理中，绩效评价体系相关制度尚有空白，亟待规范;预算绩效评价的监督体系不完整,在行政事业单位绩效评价监督方面缺乏强有力的监督措施,评价过程中缺少相应的问责机制,诸多因素影响着预算绩效评价体系的科学性。

4. 预算绩效评价指标不合理

行政事业单位预算绩效评价指标作为预算绩效管理的重要内容,由于绩效指标的不合理,对预算绩效评价的影响也较大,使之在行政事业单位应用中存在一些问题。具体而言,行政事业单位种类相对较多,预算绩效评价指标不合理主要表现在财政部门公布的一些具有指导性的共性指标与行政事业单位开展的业务指标并未能进行有效地衔接,难以形成一个全面统一的指标体系。

(三)优化行政事业单位预算绩效评价工作的策略

1. 加强预算绩效评价意识

发挥预算绩效评价作用、加强预算绩效评价意识是行政事业单位迫切要求改善的地方。对行政事业单位而言,需要从意识层面深化预算绩效评价工作,加强预算绩效评价工作的理念教育,增进行政事业单位预算绩效评价的全员意识,使预算绩效评价意识深入人心,为后续预算绩效评价工作的开展提供思想保障,确保预算评价工作顺利开展。在具体做法上,行政事业单位领导应加大对预算绩效评价的宣传,通过讲座、培训、会议宣讲等形式,定期不定期做好思想引导,以强化各部门预算绩效评价意识。

2. 优化预算绩效评价方法

目前,广泛应用的评价方法有因素分析法、成本效益分析法、比较法以及公众评判法等。每种评价方法各有优势,也有不足,应综合考虑。因素分析法通过不同因素的权重进行综合评比打分,最终确定项目的效率和效益性,可以比较客观全面地分析各个因素对预算绩效产生的影响。但该方法的应用有其自身的局限性,要求重点把握权重分配,操作要求较高。成本效益分析法是通过比较项目的投入成本和产生的效益来评估项目价值,具有特殊性,适合评价经营性业务,对以社会效益为主的项目不宜采用。比较法是按统一的标准对评价对象进行比较,以确定评价对象的绩效。此方法操作上简便易行,但也存在不足。比较法省去了一些复杂的量化步骤,仅适合相对简单的资金管理,并不适用于项目资金管理及评价标准确定比较复杂的项目。公众评判法具有民主性、公开性特点,易操作,评价结果更贴近实际,但参评人员的主观意见会直接影响评价结果,且仅适用于公共设施投资建设类项目的评价。因此,行政事业单位中预算绩效评价工作的开展应结合本单位实际情况,灵活选择适合单位情况的评价方法。

3. 完善预算绩效评价体系

行政事业单位完善预算绩效评价体系，可重点从以下三方面入手，即组织体系、制度体系和监督体系。(1) 完善预算绩效评价的组织体系，加强行政事业单位对预算绩效评价的组织领导，设立专人专职负责具体的预算绩效评价工作，发挥其职能作用，促进预算绩效评价工作的顺利开展。(2) 完善预算绩效评价的制度保障，行政事业单位对预算绩效评价制度保障的建设应结合本单位实际情况，制定相关制度，尤其是对于预算绩效评价的细则要做好具体化、规范化、详细化的规定，使之有章可循。(3) 完善预算绩效评价的监督体系，要着眼于预算绩效评价的实施效果，在落实预算绩效评价中建立相应的问责机制，保证其发挥应有的作用。

4. 重构预算绩效评价指标

重构预算绩效评价指标，即在确定预算绩效评价指标体系的过程中，要遵循相关性、重要性、可比性、系统性、经济性原则，结合行政事业单位具体情况，有针对性地设置预算绩效评价指标。在具体做法上，相关人员应综合考虑行政事业单位的预算管理情况，选择目标明确、实际操作性强的指标；在对预算评价指标的分析方法上，要结合多种分析方法，即同时采用定量分析和定性分析相结合的方法，逐步提升评价指标的科学性、适用性。不仅如此，在绩效评价过程中，要广泛听取来自评价各方的意见，不断改进并完善绩效评价指标体系，努力使评价工作更加科学、高效，以取得预期效果。由于预算绩效评价属于长期性工作，工作难度大，因此行政事业单位可以构建绩效评价指标管理数据库。同时，财政部门可以充分融合评价体系构建、评价指标数据库以及预算编制系统，充分运用历年项目的预算安排情况、绩效评价指标设立、预算执行结果，为后续绩效评价工作提供参考数据。项目数据库的建设与运用可以减少原本评价过程中受主观因素干扰的影响，同时通过提取、对比历年数据，能够相应提升评价工作的质量。

5. 强化预算绩效的结果运用

行政事业单位预算绩效结果应用是关键，对预算绩效结果的运用客观反映了预算绩效评价的成效。对行政事业单位而言，应做到以下几点。(1) 在预算绩效结果的运用上，应结合事前、事中和事后评价结果，对预算绩效结果进行全过程管理，以此作为预算安排的重要依据。(2) 对于人员选拔和调动，可以预算绩效考评结果为依据，优先考虑预算绩效结果较好的人员，对预算绩效执行不力的情况也要予以追究，确保预算绩效考评工作常态化开展，进而助力行政事业单位人事优化。(3) 要尽快建立预算绩效结果运用的问责机制，使执行绩效目标和标准有章可循，便于追究相关人员责任。在行政事业单位强化预算绩效结果的运用过程中，对于绩效评价中发现的问题，要严肃对待，严格处理，尤其是对于达不到绩效目标或评价结果较差的部门（单位），应强调预算绩效考评的重要性，进行通报批评，并责令其限期整改，以此强化预算绩效工作的开展；而对于不进行整改或整改不到位的，要采取一定的措施，督促整改，如调整项目或相应调减项目预算，使之意识到预算绩效考评的重要性，如仍不整改，则取消该项预算支出。

第五章
行政事业单位绩效考核的原理

第一节 绩效考核与行政事业单位绩效考核

一、行政事业单位绩效考核特点

我国的行政事业单位属于按照法律成立的不以营利为目的，面向社会提供教育、卫生、科技等公共服务的社会组织，常见于行使政府职能、公益服务职能的公益性单位、非公益性职能部门等，类似于国外的非营利组织（NPO）和非政府组织（NGO）等社会自治组织，可以说是一个非常特殊的机构，与政府关系比较密切，一般接受政府行政职能部门的管理，行政事业单位的成立和运营受法律保护，具备强制力。

行政事业单位和一般企业比较相对复杂一些，虽然在法律上行政事业单位的一把手都叫作"事业法人"，但是产权是归国家所有的。从福利待遇方面来看，行政事业单位的从业人员除临时工外，分为三类，即国家公务员（此类人员拥有行政级别，工资和福利待遇千篇一律按行政级别确定）、专业技术人员（此类人员的工资和福利待遇按职称等级来确定）以及工勤岗位。事业单位分类改革之后，其类型被分成三种，分别是行政类、生产经营类和一二类。其中行政类事业单位，即承担行政决策、行政执行和行政监督等职能的事业单位。这类事业单位的主要特点，归结起来有三点：一是完全或者主要承担行政职能；二是承担的是在法律、行政法规、全国人大常委会法律解释授权和中央有关政策规定范围内的行政职能；三是必须能独立承担法律责任，明确指定的机构来承担国家法律法规和中央政策规定的行政职能。并且承担行政职能的事业单位，必须具备独立的法人资格，能独立行使行政权力，包括监管职能。这些单位主要包括渔政（渔港）监管、草原监管、海事和航运管理（港口管理）、公路行政管理、道路运输管理、动物卫生监督等，以及符合上述三个特点的其他事业单位。

和企业与政府部门的绩效考核对比，行政事业单位的绩效考核存在着本质区别。这是因为行政事业单位的特点既不像政府部门那样，按照经济、效率和效益作为其考核内容，又不像企业那样，能够简单地以利润和经济成本为考核目标。其属于公益性组织，不以产生社会和经济效益为目的，其所提供的是公共服务，所以只能以社会转移价值来作为衡量标准，这就难以用统一的模式进行考核，因此行政事业单位的绩效考核并不顺利。

（一）绩效考核对象的创造性

从行政事业单位的人员构成来看，其从业人员中专业技术人员所占的比例较高，主要从事的是技术工作和脑力劳动，其工作性质属于知识密集型，工作内容大多具有创新性和创造性。因此在绩效考核过程中不能简单地按照工作流程和完成工作的数量来考核，而应该更加注重工作完成的质量。但是由于事业单位专业技术人员所从事的工作没有明确的工作流程和标准的工作步骤，加之工作业绩成果又难以量化，使得标准化的考核方式不能满足这部分人员的考核需求，不利于充分调动这部分工作人员的工作热情、工作主动性和工作积极性。基于此，为了能够对行政事业单位专业技术人员的绩效进行有效考评，就必须设计行之有效的绩效考核指标。如何设置这样的指标，是目前学术界和实务界高度关注的课题。

（二）绩效考核的广泛性

由于我国的行政事业单位涵盖六个部分，多个层级，并且涉及文化、教育、科研和医疗等多个领域，其所从事的工作具有行业特点和地方特色，从业岗位多达几万个，从业人员的类型也多达几万个，另外各种层次的单位服务对象也不相同。从整体上而言，行业事业单位绩效考核方面，其评价指标和详细的考核方式具有相似的地方，但是，也应该遵循不同层级、地域和行业的特点，在共性的基础上找出个性，要按照当地情况和岗位内容等，设计具有地域性、差异性的考核体系，实现人员业绩考核的公平化。

（三）绩效评价的复杂性

绩效评价是对组织或单位成员的绩效信息进行系统的收集、整理、分析和管理的过程。由于行政事业单位的产出不能量化，其所提供的公共服务的价值无法用标准来衡量，这就导致其绩效考核的复杂性。一方面，一些领域很难确定其公共服务的评价标准，例如：学校的教学质量评估，往往以学生（学员）的个人喜好来打分，其评分标准带有主观性，不能体现客观、公正的考核标准；另一方面，一些领域难以完全用定量的考核标准来衡量，例如：社区的医疗服务属于纯粹的服务机构，其工作价值难以定量，只能定性，其考核结果会因为考核对象的不同而出现偏差；第三个方面是行政事业单位多个领域的产出结果均无法获取与核算其提供公共服务的评价数据。因此不难发现，与企业和政府部门的绩效考核相比，行政事业单位的绩效考核涉及到的因素更多，考核难度也更大。为了保证考核结果的客观性，行政事业单位更需要一个多维度、全方面的绩效考核评价体系，将专家评价、自我评价、社会公众评价、特定服务对象评价以及立法机构评价等融合在一起，综合各方人员对行政事业单位的工作业绩进行多维度的考评。

二、行政事业单位绩效考核体系建设探究

（一）行政事业单位绩效考核体系建设要点

1. 针对性

不同类型的行政事业单位，所面临的环境各不相同，发展目标也存在一定的差异，因此，绩效考核体系建设也应该体现个性化特征。所以，行政事业单位的绩效考核体系建设，应该体现针对性特点，不能一概而论。比如，在确定绩效考核目标的时候，由于工作不同、发展阶段不同，绩效考核目标也应该进行调整。

2. 实时性

行政事业单位开展绩效考核工作，应该体现实时性特点，及时进行考核，及时发现问题，及时解决问题，避免风险问题扩散。为了实现这一目标，可以在绩效考核过程中使用信息技术，建立信息化的绩效考核体系。

3. 公平性

行政事业单位建立绩效考核体系，应体现公平性特点，这样才能增强全体员工对绩效考核的认可度，并且积极参与，从而营造良好的工作氛围。例如，在选择绩效考核指标和方法时，应该全面、客观、有效，避免人为因素干扰。

4. 协调性

在新时期背景下，行政事业单位绩效考核应该与其他工作有效地结合在一起。各项内部管理制度应该协调，避免互相冲突，从而形成管理合力。例如，通过绩效考核，可以发现预算管理存在的问题，从而提升预算资金的使用效率。

（二）行政事业单位绩效考核体系建设中存在的问题

1. 绩效考核指标设置不合理

绩效考核指标是整个绩效考核工作的基础。但是在实践过程中，部分行政事业单位的绩效考核指标设置不合理。

(1) 绩效考核指标过于单一

部分行政事业单位在设置绩效考核指标时，过于注重业务指标和财务指标，比较忽视其他指标，如满意度指标等，难以全面地反映各部门和各岗位的实际工作情况。

(2) 定性指标过多

部分行政事业单位的绩效考核指标体系中，定性指标过多，定量指标偏少。这影响了绩效考核的公平性，导致部分员工对绩效考核结果存在疑虑。

(3) 指标设置缺乏动态性

行政事业单位的绩效考核工作必须与时俱进，根据内外部环境变化进行调整，这样才能满足发展需求。但是，部分单位在设置绩效考核指标时，动态性不足，没有及时调整和优化，导致绩效考核指标与实际情况存在偏差。例如，受到现实条件的限制，工作人员的业绩目标偏低，随着新技术应用和工作人员能力提升，如果依然使用原来的绩效考核指标，难以发挥激励作用，无法有效提升工作效率。

2. 绩效考核方法缺乏创新

部分行政事业单位的绩效考核方法不合理，影响了工作成效。具体而言，主要存在以下问题。(1) 绩效考核信息的来源单一，影响绩效考核的客观性。例如，一些行政事业单位的管理人员负责绩效考核工作，但是管理人员对具体工作的了解不足，只能通过财务数据和汇报材料进行业绩考核，造成绩效考核不全面。(2) 信息技术应用不足，影响绩效考核工作质量。由于信息技术应用不足，在绩效考核时，相关信息获取不及时；同时，数据信息的收集、整理、分析等工作存在难度，导致绩效考核缺乏足够依据。

3. 绩效考核人员的综合素质不高

行政事业单位开展绩效考核，缺乏专业人才，绩效考核人员的综合素质不高，无法满足工作需求，影响了绩效考核工作成效。(1) 意识不强。绩效考核人员比较关注资金使用情况，服务意识不足。虽然绩效考核人员能够按照要求开展工作，但是没有及时给相关人员提供合理意见，不利于顺利实现绩效目标。(2) 专业能力不足。在实践过程中，绩效考核人员不是专业出身，掌握的知识和技能不全面，对于新技术、新方法的了解较少，解决问题的能力较差，不利于绩效考核工作落实。

4. 绩效考核结果应用不足

行政事业单位建设绩效考核体系，必须注重绩效考核结果应用，提升绩效考核的实际效用。但是，绩效考核结果的应用机制不完善，导致绩效考核结果应用不及时，绩效考核结果的应用深度不够，跟踪服务机制缺失。

(1) 绩效考核结果应用不及时

部分行政事业单位在取得绩效考核结果之后，没有及时根据绩效考核结果开展整改工作，导致相关问题长期存在。例如，某员工因工作经验不足，导致绩效较低，但经过一段时间的学习和经验积累，已经不存在这一问题，如果这时进行问题整改，将会浪费资源。

(2) 绩效考核结果的应用深度不够

行政事业单位一般根据绩效考核结果进行奖惩，但是往后没有分析存在的问题并在此基础上提出改进工作方案，从而影响了绩效考核结果的应用价值。

(3) 跟踪服务机制缺失

行政事业单位在绩效考核结果的应用过程中，跟踪服务机制缺失，影响了业务工作质量。例如，某位工作人员需要提升某方面的专业素质，但是单位的培训较少，员工学习的时间不足，学习渠道单一。如果未及时解决相应问题，加强跟踪服务，那么工作人员的绩效水平就难以提升。

(三) 行政事业单位绩效考核体系的完善措施

1. 结合实际需求，优化绩效考核指标

(1) 从多角度进行绩效考核指标设置，体现全面性特点

行政事业单位可以从德、能、勤、绩、廉等方面，设置完善的绩效考核指标，避免偏重业绩指标和财务指标，从而全面地考核各部门和各岗位的工作情况，提升绩效考核的实际价值。例如，在绩效考核指标设置方面，应结合行政事业单位的特点，关注服务态度、满意度、员工业务素质等内容，并设置相应的绩效考核指标。

(2) 定性指标与定量指标相结合，体现绩效考核的公平性

行政事业单位在进行绩效考核指标设置时，应该广泛征询员工的意见，增加定量指标；定性指标需要制定合理的考核标准，避免绩效考核的随意性。例如，行政事业单位在对员工的工作态度进行评价时，可以通过活力、奉献、专注等维度，进行评价指标设置。在设置奉献方面的指标时，可以包括事业心、责任感、认同感等指标，并明确每个指标的评价要求。在事业心评价方面，可以通过"是否喜欢具有挑战性的工作"来评价，从而保证定性指标的范围清晰、要求合理、标准明确，提升绩效考核的合理性。

(3) 绩效考核指标设置应该体现动态性

行政事业单位在绩效考核指标设置时，应及时了解单位发展目标、工作要求、员工需求，并对绩效考核方案进行完善。

2. 创新绩效考核方法

行政事业单位在绩效考核的过程中，应该选择科学合理的绩效考核方法，从而全面地

考核各部门和各岗位的工作业绩。

（1）采用360度评价法

全面获取绩效考核信息，提升绩效考核的公平性和客观性。在具体操作时，可以通过自我评价、同事评价、管理人员评价、绩效考核部门评价、公众评价等，全方位地开展绩效考核。

（2）建立信息化的绩效考核体系

行政事业单位在绩效考核体系建设过程中，应该加强信息技术应用，建立信息化的绩效考核体系，更好地满足工作需求。行政事业单位应引入信息技术，建立在线绩效考核平台，各部门和各岗位只要及时按照要求输入信息，信息系统便会自动评价，同时出具绩效评价结果。如果绩效评价结果偏离预期目标，信息系统将会自动提醒，帮助工作人员进行及时调整，改进工作方案。与此同时，还要注重大数据技术、云平台技术的使用。

通过大数据技术应用，行政事业单位可以将绩效考核结果进行横向比较和纵向比较，及时查找不足，并完善工作计划。

（3）使用分级考核的方法

各部门和各岗位需要根据行政事业单位的绩效考核目标，设置合理的绩效考核体系，形成分级考核模式，既有利于加强管理，也有利于绩效考核工作落实。例如，某学校准备降低基础设施建设的预算额度，减轻财政压力，相关部门应根据总体目标设置分目标，并落实到每个人，将其作为绩效考核的重要内容，促进具体工作落实。

3. 提升绩效考核人员的综合素质

行政事业单位开展绩效考核工作，员工素质属于核心要素，因此必须提升绩效考核人员的综合素质。

（1）转变思维观念

绩效考核人员应该积极转变思维观念，在绩效考核工作中融入新公共管理理念，通过绩效考核来帮助各部门实现绩效目标。例如，行政事业单位通过绩效考核，发现某一项目的资金使用率低下，导致降本增效的目标难以落实。为了解决这一问题，应及时分析原因，提高资金使用率，促进绩效目标顺利实现。

（2）提升专业能力

行政事业单位可以要求绩效管理专家，通过实例讲解的方式，帮助绩效考核人员掌握工作要点、技术要求、方法措施等，提升工作人员的专业素质；同时，可以定期对绩效考核人员进行专业能力评价，分析存在的不足，并且进行有针对性的培训工作。

(3) 坚持以人为本

行政事业单位加强绩效考核，应该坚持以人为本，不断提升公共管理和公共服务质量。为了实现这一目标，绩效考核人员应加强与业务人员和服务对象之间的交流，及时公布绩效考核结果，接受公众监督。

4. 加强绩效考核结果应用

(1) 及时应用绩效考核结果

行政事业单位在绩效考核结果应用的过程中，应该明确应用时间，以保证绩效考核结果应用的时效性。对于一些重大问题、普遍性问题，应该及时进行整改。绩效考核人员在取得绩效考核结果之后，应及时进行核实，并上报给管理人员，立即召开工作会议，分析问题产生的原因，制订相应的改进方案。

(2) 绩效考核结果进行深度应用

行政事业单位应用绩效考核结果时，不仅应该与奖惩措施相结合，还要与培训学习、岗位调动、工作目标设置等结合；要根据绩效考核结果，对相关工作进行改进和优化，提升绩效考核结果的应用价值。例如，通过绩效考核结果分析，一些工作人员的业务能力不足，绩效考核目标设置过高，导致工作人员的心理压力较大，因此，行政事业单位应该适当调整绩效考核目标。

(3) 完善跟踪服务机制

绩效考核人员在得出绩效考核结果之后，应对结果应用情况进行跟踪服务，及时了解整改情况，并提供帮助和支持。例如，根据绩效考核结果，制订了相应的培训计划，以提升员工的专业素质，但是员工普遍反映培训课程的时间较短，培训方式不灵活，导致员工的专业素质难以快速提升。通过加强跟踪服务，绩效考核人员了解情况之后，及时增加了培训时间，创新了培训方式，强化了培训效果。

此外，为了强化跟踪服务效果，可以建立责任制。行政事业单位的管理人员和绩效考核人员，可对相关人员进行"一对一"或"一对多"跟踪服务；也可将跟踪服务效果作为管理人员和绩效考核人员的业绩考核内容，从而不断提升工作效率。

三、行政事业单位绩效考核的措施

(一) 科学设计考核指标原则

设计科学的考核指标是提升行政事业单位绩效考核水平的重要举措。在这一过程中，需要保证进行考核指标设计的过程中要遵守以下几个原则。首先是客观性。要保证数据的准确，进行考评的负责人在数据统计的过程中需要具有一定的客观性，不掺杂个人情感，保证数据处于真实、可核查的情况。其次，需要保证考核指标设计具有一定的科学性，还要保证考核指标能有效的覆盖整个事业单位的业绩以及日常行为和工作的情况，更要反映出干部职工个体的岗位特点，还要做到突出重点，保证定量和定性的结合，在这过程中不能进行量化的数据需要通过实际的评价指标来解决。再次，需要保证考核指标设计具有一定的可操作性。在进行考核指标设计的过程中要做到简单易行，既要转变以往考核方式，简化考核流程，又要提升考核的精准程度，保证其结果科学、可信。最后，要坚持导向性原则。在这一过程中需要通过设计考核评价指标体系来有效地体现出组织战略目的，更要通过导向型的原则来帮助干部职工可以正视绩效考核，从而在发挥其最大作用的基础上提升员工的工作积极性。

（二）增加对绩效考核的重视程度

增加对绩效考核的重视程度是提升行政事业单位绩效考核水平的又一重要举措。只有行政事业单位管理者增加对绩效考核的实际重视程度，才能从根本上提升行政事业单位的绩效考核实际效果，并实现加强行政事业单位内部人员管理的目的。因此，行政事业单位领导层首先需要尽可能的了解单位的实际发展情况，制定合理的绩效考核环节和绩效考核的相关内容。其次，行政事业单位领导需要加大对绩效管理的重视力度，积极借鉴其他优秀绩效管理单位的优势和闪光点，结合自身的实际发展情况，吸取以往进行绩效管理中的不足，发挥优势，更有效地开展绩效考核工作。最后，在制定新型的绩效管理体系后，还要观察绩效管理在行政事业单位内部的实际落实情况，发现在进行落实的过程中出现的问题，要在第一时间查明原因，并进行有效的解决，确保绩效考核工作在行政事业单位内部积极开展，充分发挥出应有的作用。

（三）完善考评监控机制

完善考评监控机制是提升行政事业单位绩效考核水平的关键。只有保证绩效考核过程处于公开、透明的状态，还要在考评过程中设立监督小组，让考核监督小组对整个考核的过程进行监督，才能保证实际的考评成果让人信服。因此，行政事业单位的上级部门需要对当前绩效考核中所存在的问题进行了解，及时修订绩效考核的相关考核范围，还要建立严格的监督控制制度，及时引导下级扎实开展绩效考评工作，防止考评过程中出现暗箱操作，还要把整个考评结果在行政事业单位内部公示，若是干部职工对考评结果有异议，可以随时要求查看数据和考核分析流程，从而确保绩效考核结果让大家接受和信服，并能真正达到绩效考核的最终目的。

第二节 行政事业单位绩效考核的基本原理

一、绩效考核管理的作用和地位

(一) 绩效考核管理作用

1. 提高计划管理的有效性

绩效管理计划的管理，是绩效管理中最靠前的一项活动。在绩效管理计划过程中，需要绩效管理人员分析所有的绩效管理目标，在合理的压力下提出下一级转移的目标，使行政事业单位的部门领导和员工努力合作，调动员工向心力和凝聚力，推动组织发展目标的执行；设计绩效管理反馈系统，让每个员工都能够对绩效管理过程实行反馈，赋予绩效考核的客观公平性；最后分析管理中的不足，从而改善不足。绩效管理评估阶段，主要做的工作是评估绩效管理实际结果和预期结果，分析其中是否存在差距，分析差距的成因，给出解决方法。

2. 提高各级管理者的管理水平

绩效管理具备制度属性，需要每个部门的领导者明确部门工作方向和目标，定期对员工的工作进行评价，沟通探讨考核目标、考核方式和考核标准等，认真倾听下属有关绩效考核的观点，根据其观点改善考核方式方法，调整考核目标等，以制度化的方式对每个部门管理者的行为进行规范约束，实现各级管理者管理能力的增强。

3. 暴露组织管理问题

通过绩效管理，或许会发现员工工作中以及组织内部制度规则等方面存在很多缺陷，常见于设计的目标不科学、责任不清晰、数据获取和评估方式不合理、员工工作行为不端正等。通过绩效管理暴露出这些问题，有利于行政事业单位的管理者、领导者及时发现不足，及时改善。

4. 提升组织的聚焦能力、执行能力和反应能力

绩效管理中，以组织发展战略目标为核心，对组织、部门、员工的工作任务进行归化，明确每个员工的目标，结合早会、晚会和三级会议等方式，对整个组织的行为展开监控，强化绩效管理目标、组织的集中能力和执行能力，进而提高组织的整体快速反应能力。

(二) 绩效考核管理的地位

人力资源管理是一种管理决策和管理实践，旨在激励人们和开发人员提高人力资源利用效率。人力资源管理包括六方面内容，分别是人力资源规划、招聘与配置、培训和开发、绩效管理、薪酬管理和员工关系管理。

在人力资源管理中，最关键的部分是绩效管理。行政事业单位要根据组织整体发展战略明确绩效管理目标，将组织发展战略融入到绩效管理目标中，绩效管理目标要服务于组织发展战略。在部门绩效管理中，组织结构和管理控制是前提；但在个人绩效管理中，岗位分析是前提。

绩效考核评估结果和员工培训、岗位调动、薪酬管理和员工发展等息息相关。假如评估结果不真实不公平，则绩效考核结果无法得到员工的认可，自然无法实现有效应用。

绩效管理和招聘选拔工作存在密切联系。在绩效管理中，个人的经验、技能等非常重要，人员招聘和选拔要结合岗位的基本要求，保证所招聘的员工，其能力、经验、水平等和岗位需求相符合。

薪酬激励是调动员工和组织主观能动性的科学方法，有效的培训可以提升员工整体能力，推动员工和组织绩效的有效提升，进一步实现组织发展战略。组织和个人绩效管理水平与整个组织价值创造、运作效率等存在直接的联系。基于此，实现组织、部门和员工绩效管理能力的提升，是行政事业单位管理者非常关键的任务，行政事业单位中的人力资源部门要将绩效管理体系的建立健全作为长期工作对待。

二、绩效考核管理的方法和工具

(一) 360度考核法

360度绩效考评是一种全方位、多层次的考评，详细而言，是让上司、同事、供应商、顾客、下属等共同参与到员工考评中，实现对员工的多维度考评。360度绩效考评"既是一个相关群体共同参与的过程，也是一个帮助管理人员开发技能的过程。"因为360度绩效考评法中，评价内容是来自不同角度和不同层次人员的，其效力不同，这些信息汇总在一起给出的评价会更加客观、可信和公平。360度绩效考评法的应用一般选择问卷法，考评者设计5级或者7级量表，让评估人员选择相应的分值，亦或者是选择开放式的调查方式，让评估人员发表自己的观点建议。这种考核方式优势非常明显，比如可以多方面搜集信息；重视团队内部和外部的整体评价以提升顾客满意度；有利于调动组织向心力，实现整体业绩的提升。当然这种方法也有不足，比如信息搜集成本居高不下；来自各方的侧面观点可能存在矛盾；有存在作弊的可能性等。

360 度评估方法，也称为综合评估方法，最初由英特尔公司提出和应用。通过这种方法，可以对员工自身、主管、下属、客户、同事等不同主体对其绩效管理的评价有所了解，通过评语了解其优缺点，从而达到自我提升的目的。

（二）平衡计分卡法

当下平衡计分卡法已经得到很多企业的认可和采用，这种方法在 20 世纪 90 年代被提出，目前已经演变为企业战略工具。

平衡计分卡中，会对组织、部门和员工整体战略进行划分，分成四个维度，包括财务、流程、客户、学习与成长。它不仅强调纵向一致性，还强调横向，即跨部门协调。因为在平衡记分卡中，会将企业战略分成若干内容，具备跨领域的优势，并且平衡记分卡中克服了关键指标法在指标选择和权重对比上的主观随意性问题，可以对企业的财务水平、员工能力等进行持续性的跟踪分析，推动各方面都向着预期的方向发展。

（三）EVA 价值管理法

在 EVA 价值管理法中，会将组织内部不同部门，不同层次的目标汇集在一起，形成最终目标，无论是提升产品市场份额，还是提升产品销量，都以实现企业价值最大化为最终目标。EVA 价值管理法不对企业各种活动的过程进行分析，而是直接参考企业为股东创造的价值，这种方法相对简单，能够预防中间过程指标不合理产生的负面作用。

EVA 价值管理中，会在公司内部设计出一个自上而下的价值链，有利于公司发展目标的层层分解。该方法的一大优点为，财务指标的设计中，结合了关键管理因子（IPF），和关键指标法的行为过程相似。结合绩效管理因子，将无法为公司带来价值的行政和人事支持部门的奖金总额与所服务的内部客户创造的价值衔接在一起，明确每个部门中员工获得的奖金数额。

三、绩效考核管理的流程和影响因素

（一）绩效管理的流程

1. 制定绩效考核方案

制定考核方案包括三个步骤：一是确定考核的目的和被考核的对象；二是明确考核的内容和具体要采用的考核方式；三是确定考核时间或者考核周期（月度考核、季度考核、半年考核或者年度考核）。

2. 做好技术准备

绩效管理考核中，需要做好技术准备，即明确考核方式、考核标准，同时对负责考核的人员进行评估，让这些人员了解考核内容、过程、标准和技术等，为考核工作做好准备。

3. 选拔考核人员

选拔考核人员的时候，要对考核人员进行培训，以保证考核人员了解考核标准、考核过程、考核内容等，能够灵活根据这些标准、原则和方式等进行有条不紊地考核。

4. 收集数据信息

要对考核数据资料有个全面的掌握，还需要设计与评价指标体系相应的体系，比如数据信息搜集系统，以了解员工工作进度、方法、工作内容和工作行为等。

5. 对考核结果进行分析

考核结果分析主要从三个方面着手：一是明确单项的等级和分值；二是对相同项目的考核信息资源进行汇总；三是对不同项目的考核信息资源进行汇总。

（二）绩效管理的影响因素

绩效管理的影响因素非常多，常见于市场环境、组织内部环境、激励方法、员工技能和态度等。具体而言，市场环境指的是组织本身无法改变的外部因素，是客观存在的；组织内部环境指的是组织所能够提供的各种资源，也是客观存在的，这些因素从某个角度上而言可以调整；激励方法指的是组织为了调动员工主观能动性而采取的激励措施；员工技能和态度指的是员工在工作中所掌握的技术和形成的思想观点等。

在影响绩效管理的四个因素中，只有激励方法是最积极主动的因素，因为其最能够调动员工的主观能动性。因此组织要根据员工的需求和岗位等，制定科学合理的激励政策，持续性地调动员工工作热情和创新性，推动员工和组织整体绩效的不断提升。

四、绩效考核管理的模式和评价理论

（一）绩效考核管理的模式

1. "德能勤绩"式

"德能勤绩"评价由来已久，一直被行政事业单位广泛采用。目前，许多行政事业单位仍在遵循这一方式。

"德能勤绩"这种考核方式有着显著的特征，即在考核业绩上标准对比于德—能—勤要多；但是，"绩"的考核在大部分情况下，考核核心的具体数据不全面，没有具体的评定标准，更不存在详细的绩效考核目标。除上述典型特征外，"德能勤绩"型考核常具有以下特点。

一是大部分行政事业单位在进行绩效管理的时候，只是把重点放在绩效管理考核上。

二是用部门领导的考核代替部门的考核，没有部门考核的意识，使得部门领导的考核与部门考核雷同。

三是在做评估报告时，只是通过行政事业单位提倡的价值观念、规章制度和规则等层面对工作进行描述。

四是绩效评估使用的指标没有针对性，一个绩效评估指标能够适用于不同的岗位，甚至某些指标在任何岗位通用，缺乏针对性。

五是绩效管理评价系统无法达到实现管理的战略性定位。

六是对于一些发展之初的或者新成立的部门，"德能勤绩"的管理方式非常合适，比如：在部门的管理制度还不健全、基础管理水平还不高的情况下，"德能勤绩"的管理方式能够提高组织的管理工作水平，使员工有归属感。

2. "检查评价"式

当下在国内的绩效管理中，检查和评价仍然是被普遍使用的方式。使用这种绩效管理方式的行政事业单位，内部管理者一般具备丰富的管理经验，或者具备先进的管理技术。行政事业单位的管理层更加侧重于绩效管理，且这类单位在绩效管理中形成了丰富的经验，然而在绩效管理公平目标与绩效管理认识上还有不足之处。选择这种绩效管理方式的单位往往无法调动员工的主观能动性，绩效管理自然无法推动组织战略的执行。

"检查与评价"型考核非常重视质量和工作绩效，会对员工的工作内容、工作方式、工作进度等展开随时的调查分析，员工会由此产生压力，因此会按行政事业单位的要求和工作标准认真工作。这种方式有利于行政事业单位领导者领导力水平和管理水平的大幅提升。

这种评价体系具备优点的同时也存在不足，比如：第一，绩效管理评价结果不成立，即良好的评价结果不一定是对组织的最大贡献者，绩效管理水平限制了激励效应；第二，考核项目比较多，导致考核不具备侧重性，无法指导员工明确工作的主要方向，降低员工工作成效感。

评估缺乏有效性和无法实现战略导向有几方面因素：

一是因为考核项目数量多，考核项目权重偏低，无法将组织发展战略目标等重要信息有效地传递给员工，指导员工的工作方向，不能引起员工的足够重视。

二是在实际考核中，经常通过抽查检查的方式进行考核。在这种考核方式中，对于被抽查到的员工而言，大多认为自己是运气不好，而不是工作不努力，认为别人的好绩效是因为运气好没有被检查到，所以考核者不会发自内心的接受评价结果。

三是由于考核者与考核人员对绩效检查存在着理解上的差异，从而导致在绩效评估时会出现无意识错误。另外，因为考核人员一般不是考核者的领导，平时并不对考核者负责，这样就造成了评价管理的随机性，这将导致绩效管理评估中的"意识错误"，导致绩效管理丧失了公正性和公平性。

3. "共同参与"模式

"共同参与"的管理模式，在我国国企中普遍存在。这类管理模式有着团队精神的优点，但是缺少改革动力，企业主管人员往往不愿意去冒风险，更喜欢立足于稳健发展。"共同参与"绩效管理模式有三个显著的特点：一是缺少量化指标，绩效管理指标都相对广泛，给考核者留下了很大的空间；二是提倡全方位360度考核，自我评价在考核中占有重要地位；三是考核的结果与员工的工资没有挂钩，所以这种考核更容易被员工所认可和接受。

在"共同参与"式的绩效管理中，重视所有员工的"共同参与"，所有员工都参与其中的绩效管理才能够取得更理想的效果，以此发挥团队精神，杜绝个人负面行为，在彼此约束、彼此监督的环境中督促每个员工按时完成工作，从而完成团队的整体工作。"共同参与"式的不当使用会产生负面效果，主要包括以下四个方面。

一是很多评价指标中对应的信息有限。通常而言，被评估者可以根据他们的印象来评分，评价随意，考核人员会考虑到与被考核人员的关系而给出感情分，导致评价结果缺乏客观公正性。

二是自我评价具有局限性，因为它是由人性决定的，涉及到个人利益时，个体往往习惯给自己打出比较高的分数，只有极少数实事求是的员工才会给自己相对客观的评价，让自己承受损失。

三是这种评价一般与工资没有密切关系，工资的激励效果有限。

四是在"共同参与"模式的绩效管理中，还会容易在组织中形成表面上和谐的工作环境，这种工作环境不利于组织创新力的形成，对于有更高追求的员工而言会丧失吸引力，导致员工流失。

4. "自我管理"式

这种管理模式常见于世界级企业。该管理方法中以人性的"Y"理论为前提：员工将工作视为休息；假如员工对公司和工作给出某些承诺，则员工会对自己的行为进行约束和指导，实现承诺；通常而言，员工不仅要完成基本的工作，还需要有所突破；这是几乎所有的员工都会做出的选择。

在"自我管理"的绩效管理中,组织会要求员工自己设计激励目标,且通过不断的努力实现这一目标;上级要给予下级充分的权利,支持下级的行动,减少对下级的直接干预;上级比较关注结果而非过程,倡导灵活多变的工作方式和思想,关注员工的身心发展。

在"自我管理"的绩效管理模式中,其激励效果相对显著,能够很大程度上刺激员工的创新性和主观能动性,但是也存在不足,尤其是选择这种绩效管理方法的时候,要保证组织具备应用该方法的条件。

"自我管理"的绩效管理模式的特点包括:

一是因为"自我管理"中强调人性的"Y"假设,我国经济发展和政治建设等与西方发达国家存在显著差距,通过员工自我管理的方式实现员工发展目标这种设想基本不成立。部分员工不具备自我管理和自我约束的能力,他们将无法实现个人目标。

二是"自我管理"式绩效管理缺乏过程控制环节,无法对绩效目标进行及时的监控管理,不能够第一时间发现问题,在问题爆发的时候无法及时采取行动,导致组织付出沉重的代价。

三是在"自我管理"的绩效管理模式中,绩效管理咨询环节很容易被忽视,上下级员工之间无法进行高效的沟通,上级员工不能倾听基层员工的观点建议,基层员工无法反馈自己有关绩效考核的疑问,所以绩效管理改进方面受到限制。

除此之外,这样的绩效管理模式还容易形成"小集体意识",不利于将绩效管理和组织目标无缝衔接在一起。

(二) 绩效考核管理的评价理论

1. 绩效管理评价方法

(1) 图形评级量表法

该方法属于最广泛使用的性能评估技术。图形评级量表方法列出了一些性能特征,例如质量,可靠性等,并且还列出了每个性能特征元素从不满意到优秀的范围值。

(2) 交替排序法

该方法是根据一个或多个绩效特征要素,将员工从最优到最差的绩效进行排序。因为最优和最差的绩效比较容易识别,因此交替排序法是最常用的绩效评价方法之一。

(3) 配对比较法

该方法是为了使排名更准确。该方法需要根据工作的数量和质量等绩效评估因素,将每个员工与其他员工进行匹配。

(4) 强制分布法

该方法是类似于在曲线上分类，评估者需要根据预定比率分配到对应的绩效性能水平等级中。

(5) 关键事件法

该方法是管理人员对员工行为进行记录，每半年管理人员和下属就所记录的员工行为进行沟通。

(6) 描述性表格法

该方法指的是书面绩效评估往往通过描述性语言格式对员工的业绩进行表述，以评估员工在工作中的进步和发展。

(7) 行为锚定等级评价法

该方法指的是通过运用绩效好、成绩差的具体描述性实例解释或锚定定量量表，将描述性关键事件评价方法和定量层次评价方法相结合，结合图形层次等评价工具的优点，描述与定量等级相对应的关键事件。

(8) 目标管理法

该方法与通常管理者的主观评价方法有所不同，它是一种通过运用客观目标来进行评估，进一步将组织发展目标和个人发展目标统一在一起的管理流程和策略。通过该方法，可以对组织的目标进行详细划分，科学合理的布置每个员工的工作，通过各方人员的努力取得理想的业绩。另外这种管理方法还有利于内部职工的沟通反馈，形成团结的人际关系，调动员工工作热情。但是，该方法的局限性在于目标难以表述，管理目标假设也有可能失败，且目标协议的存在有时候会引起管理成本的提升。

2. 绩效管理评价方法选择原则

绩效评估方法选择的原则主要包括参与、客观性、可操作、多个评估主体和结果便于区分五大原则。

(1) 参与原则

在过去的绩效评估中，过分强调组织成员对组织的归属和服从，绩效考核对组织成员个体的评估不重视，以领导的主管意志打分为主，这就导致结果出现偏差，存在不公平的现象。因此，在目前的绩效管理评价体系中，评价方法要科学合理地使评价主体和评价对象都能参与评价，对彼此观点意见进行综合分析，以此调动各方人员主观能动性，使评价工作能够顺利进行。

(2) 客观性原则

长期以来，在儒家思想和传统文化的影响下，人际关系取向受到重视。因此，彼此的关系和层次关系会给绩效评价产生影响，导致评价结果缺乏客观性。基于此，评价中必须要坚持客观性原则。

（3）可操作原则

为了便于行政事业单位的管理，我们应该尝试选择一种易于使用的评估方法。当然，大家都希望通过绩效考核改进绩效管理实践，并提高绩效管理的规范性，对于那些具有一定管理基础的行政事业单位可以采用更复杂的评估方法。

（4）多个评估主体原则

很多组织中负责员工评价的人员是领导，这种单方面的考评极易出现考核结果不公平的问题。因此，为了保证评价的客观性和准确性，有必要选择具有多个评价主体的评价方法。

（5）结果便于区分原则

平均主义是我国行政事业单位常见的现象，这种现象容易干扰评价结果的走向，因此应选择一种能够区分评价结果的评价方法。

第六章 行政事业单位绩效考核管理的对策与创新

第一节 行政事业单位绩效考核管理的对策

一、行政事业单位人力资源管理的绩效考核

绩效考核是行政事业单位人力资源管理中的重要环节，且队伍建设、岗位设置等方面也深受其影响，并有利于事业单位履行其政府职能，进而推动社会发展。

(一)行政事业单位人力资源管理中绩效考核工作的必要性

1. **员工任用首要考核条件**

在选拔行政事业单位人员上，首要应考虑其绩效考核表现。首先，关于人员引入上，在聘任制的逐渐普及下，绩效考核应发挥出更大的效用。为更直观地了解到员工的专业素养和道德水平，应将绩效考核引入到行政事业单位人力资源管理当中，对员工的专业能力及道德水平进行评价，进而增强其对应聘人员的了解，并掌握其是否具备从事这一岗位的能力。

2. **衡量劳动报酬的标准**

在行政事业单位人力资源管理开展绩效考核时，劳动报酬标准是其一个重要体现。其在进行绩效考核时，应严格依照按劳分配这一原则，将绩效和员工薪资相挂钩，所以，也可将其作为行政事业单位劳动报酬的衡量标准。在日常工作当中，可实行绩效考核及劳动报酬相挂钩的方式，进而提高其工资，将绩效考核作为劳动标准进行衡量，将岗位和绩效工资作为员工的总收入。这一方式在行政事业单位中较为常用。

3. **激励员工的重要指标**

行政事业单位可借助绩效考核来对员工激励模式进行衡量。具体来说，行政单位在进行人力资源管理时，可制定相应的奖惩体制，以相应的激励和惩罚措施来增强员工的工作

积极性,这一方式可取得不错成效。就行政事业单位来说,借助高效、完善的考核评价机制的构建,有利于单位对员工专业能力和工作业绩的了解,并对其进行考核评价,能有效深化奖罚分明的管理原则,进而提高员工积极性,给行政事业单位的发展提供人才支持。

(二) 行政事业单位人力资源管理绩效考核实施途径

1. 构建高效全面的绩效考核体系

"勤、德、绩、能、廉"考核模式是我国一种常见的综合性考评体系,但这一体系中的部分指标没有落脚于实际。在以往的绩效评估指标制定时,要结合地区、部分等情况,适当添加相应的评估维度等。所有评估维度都应细化至二、三、四级指标,并为其设计相应的标准。对于关键指标,应最大程度上对其进行量化;无法量化的指标,则为其注明文字说明。除此之外,在指标权重分配方式和模式上也应注重科学合理性,一级指标应当以价值取向和组织目标为权重分配依据;二级指标则是将被考核者的职位等级和性质作为依据。

2. 强化行政事业单位人力资源绩效考核意识

行动取决于思想,而行动之间又会相互影响,因此行政事业单位应当将这一思想引入到绩效管理当中。唯有深刻认识到绩效考核的作用和意义所在,才能提高其参与到考核工作中去的积极性。市场竞争日益激烈,行政事业单位更该紧跟市场化的竞争趋势,增强其绩效考核意识。基于该背景下,第一,行政事业单位应当准确认识到其在市场中的位置,将绩效考核引入到人力资源管理当中,并非纯粹地提高绩效考核普及率,而是借助该模式来强化单位员工的办事效率,增强其服务意识,给单位体制改革的进行创造有利环境,进而推动经济发展,确保单位价值和社会责任的实现。第二,行政事业单位要加强对绩效考核机制的了解,意识到其在推动单位发展上所起到的重要作用,利用强化人力资源管理力度,清除传统行政管理当中出现的懈怠风气,基于此来增强员工的工作主动性。

3. 完善激励机制,增强员工工作能力

就行政事业单位来说,对人员的管理是作为人力资源管理中实行绩效考核的最终目的。唯有提高员工的工作能力和业务水平,绩效考核工作才能发挥出一定的作用。就绩效考核制度的改进而言,其应当从提高员工专业素养这一方面着手,加大对其的培训力度,使其深刻意识到绩效管理及考核的意义所在,应着力于工作关键点,基于正确、客观的层面来对其工作能力进行评价,给单位的长久发展提供保障。在强化员工管理时,还应当构建相应的激励制度,从而将员工的潜能充分挖掘出来,促进员工工作能力的提升。应加快绩效考核进程,使其改革实效得以充分发挥,应以绩效工资为主线,激励员工的工作积极

性，构建高效、合理的薪酬分配机制，激发员工工作热情，给单位的发展提供人才保障。

4. 强化绩效考核信息反馈

在进行人力资源管理绩效考核时，可通过强化考核信息的反馈这一方式来使得行政事业单位体系评价需求得以满足，便于其找出自身不足，并结合实际，提出相应的解决措施，进而对绩效管理进行完善优化。以实际中所出现的问题为依据，构建全面高效的信息反馈机制，进而增强单位工作质量，也是迎合社会工作模式整改这一趋势的表现。行政事业单位在进行人力资源管理时，应当将员工工作状态的评估作为重点管理内容，进而提高员工工作热情，达到提高其工作效率、推动单位发展的目的。

绩效考核是行政事业单位人力资源管理至关重要的一个环节，具有其他工作不可比拟的作用，所以这就需要强化该工作的执行力度，及时有效地处理好考核中出现的问题，增强员工工作干劲，提高其参与到绩效考核中的主动性，给单位发展贡献一份力量。

二、行政事业单位加强预算管理与绩效考核

（一）增强行政事业单位全面预算管理和绩效考核的意识

预算管理和绩效考核工作尚未得到行政事业单位的应有重视，为促进其行政职能的发挥，行政事业单位应当对该工作的开展引起重视。就预算管理和绩效考核而言，其工作内容繁杂，对人员的知识储备要求较高，因此应当从基层入手，从思想层面提高其对该工作的重视程度。作为领导人员，应当以身作则，从而实现事业单位全体人员责任感的增强，这就给确保预算管理和绩效考核工作的科学有效性奠定了基础。另外，还应当对其工作人员开展培训工作，以此来丰富其专业知识，提高其专业素质，进而为其履行自身职责提供保障。这是我国行政事业单位目前亟待解决的问题。

（二）优化预算管理和绩效考核指标体系

行政事业单位的当务之急就是构建全面的指标体系，如此才能强化其预算管理及绩效考核工作效率。为实现这一目标，行政事业单位首先要提高对预算管理及绩效考核工作的重视程度，将其贯穿到单位日常工作当中，从根本上提升预算管理及绩效考核的战略地位。第二，要加强对单位资金使用的监管，提高对经费的利用率。第三，一旦出现腐败情况，单位应当在一定时间采用相应措施，在最大程度上减少国家损失，这也是作为单位预算管理及绩效考核中的一个关键内容。另外，对于部分具有潜在风险的项目，单位也应当将其纳入到考核对象当中，确保该项目执行的安全性和科学性，进而给国家财产安全提供保障。

(三) 增强预算管理和绩效考核的有效性

行政事业单位应结合自身实际，构建与自身发展相适应的预算管理及绩效考核指标体系，唯有此，才能确保其职能的充分发挥，增强预算管理及绩效考核实效。另外，行政单位应当从自身入手，加强自身的管理水平，给予预算管理和绩效考核工作以正确指导，进而给其顺利发展奠定基础。行政事业单位还应当对其考核体系进行调整优化，加大考核力度，拓宽考核覆盖面，进而增强员工工作热情，提高其行为规范化水平，提高其工作效率。在最后，在进行考核时，应当全面贯彻公平公正这一原则，对于作弊违纪行为予以严惩，并加大事后处理力度，尽可能地杜绝该类事件的再次发生，进而为预算绩效考核时效性提供保障。

(四) 强化行政事业单位预算管理的绩效考评的监督力度

为确保公平公正及有效性原则在行政事业单位预算管理及绩效考核中的落实，有关部门应当加大对该工作的监管，其在确保预算管理和绩效考核指标体系作用得以发挥上起着重要作用，也是事业单位发展中必不可少的一个环节。以此，有关部门为确保该工作的落实，还应过设立相应机构负责该工作的开展，以确保监督工作的有效进行，当出现违法事件时，应当予以严惩。这一机构的主要职责为对行政管理单位的采购行为进行监管，确保其严格依照预算计划开展采购工作。由于这一采购但存在未得到有效监管的情况，这一情况有失合理性，因此其在落实监管工作时，应当杜绝此类事件的发生，并加大对该事件的惩罚力度。总的来说，为避免该事件的再次发生，行政事业单位就应当增强其对预算管理和绩效考核力度，为单位的健康发展提供保障。

国民经济发展如何，在很大程度上会受到行政事业单位的发展的影响，其在推动我国经济增长上发挥着不可替代的作用，是作为保证社会稳定、维护社会秩序的强大后盾。为确保行政事业单位行政职能的落实，其应当从自身入手，对其预算管理及绩效考核指标体系进行优化调整，进而强化其管理能力，提高管理效率。因此想要增强行政事业单位在推动我国经济增长上所发挥的重要作用，就需要对其预算管理和绩效考核工作予以重视，加大其执行力度，将其提升至单位发展的战略层，将该工作落到实处，从而为其自身和社会发展提供保障，助推国家经济发展。

三、行政事业单位绩效考核管理的改革措施

行政事业单位需向社会提供公共服务，这是其不可推卸的职责，也是确保社会朝着正确轨道前进的必要条件。同时，对行政事业单位加强管理，也是必须的，行政事业单位的

绩效考核与管理工作，直接关系到行政事业单位的进步，只有全力落实绩效考核与管理工作，行政事业单位的整体服务水平才能提升。就当前管理现状而言，行政事业单位绩效考核与管理工作效率低下，必须进一步改善绩效考核与管理办法等，全面促进行政事业单位的进步。

（一）行政事业单位绩效考核改革的意义

行政事业单位绩效考核改革是当前社会发展的大势所趋，对于我国社会的发展进步有着较强的指导意义。首先，其能够进一步拉动行政事业单位管理水平的整体提升。在以往，职工工资水平并不受绩效考核结果的影响，在很大程度上拉低了职工工作的积极性，现将职工绩效考核结果列为职工薪资水平规划、晋升空间规划的重要影响因素，能够大大改善这一局面，最大化员工工作效能，提升单位整体服务质量与管理水平。其次，其能够引导行政事业单位体制改革进程的有序推进。在传统事业单位体制下，行政事业单位投入产出不成比例，只有通过全面完善的绩效评估工作才能最大化行政事业单位工作效率，从而推动行政事业单位体制上的创新进步。同时，行政事业单位是面向社会公众的政府单位，需要在群众面前塑造起良好的政府形象。行政事业单位绩效评估改革与管理工作的全面落实意味着群众监督的作用被放大，群众满意度成为行政事业单位的工作目标，因此必须全面落实体制改革进程，以此拉动我国政府单位整体管理水平的提升。

（二）行政事业单位绩效考核改革的措施

在进一步明确行政事业单位绩效改革过程中所存在的缺陷后，应当基于上述问题，给出针对性的解决方案，全面开展改革工作。

1. 科学设置考核目标

绩效考核目标设置的合理性直接关系到绩效考核结果的有效性和准确性，因此必须采取科学的办法设置。行政事业单位在确定绩效考核目标时，应当进行全盘考虑，根据单位线下发展特征以及内外部所处环境等进一步明确自身工作内容特征等，进一步细化绩效考核目标，对不同部门、岗位展开全面分析，综合利用组织管理水平、组织责任感、运行成本三大绩效考核目标努力方向制定出最适合每一位职工的绩效考核目标，以此来提升职工的工作效能，促使其工作效率和积极性的全面提升。

2. 完善考核指标体系

行政事业单位绩效考核指标体系的完善性直接关系到绩效考核标准制定、公平性、考核结果准确性等，因此，必须建立健全绩效考核指标体系，明确考核内容和目标，依据相关规定依法披露考核指标，确保绩效考核工作的透明化进行。与此同时，绩效考核体系中应当涵盖职工业务水平、工作状况、道德素养等多个方面，以此来保障职工业绩规划等的公平性。考核手段多样化也是绩效考核需要努力的方向，可借助平衡计分卡等办法。

3. 加强利用考核结果

考核并不是行政事业单位开展绩效考核工作的核心所在，考核只是一个工具，为的是发现行政事业单位的工作不足，并通过各种手段改善之，确保行政事业单位工作效率整体提升。在此条件下，确保考核结果准确性并加强利用显得尤为重要。绩效考核工作开展后，相应的反馈机制也应当加强完善，确保事业单位内部信息交流无障碍，确保职工及时得到考核反馈，确保每一位职工的工作成效与绩效考核结果相符并对其工作存在缺陷之处进行完善。与此同时，绩效考核结果的指导性关系到行政事业单位下一步改革工作，必须加以充分利用。

4. 建立健全激励机制

绩效考核目标的全面实现离不开有效的激励手段。唯有进一步建立健全相应的激励机制，才能最大化职工工作效能。通常，绩效考核激励机制会同时涵盖精神、物质层面的奖励，包括职位晋升、加薪、提高奖金比例等手段。进一步架构完善的激励机制是行政事业单位改革成功所不可或缺的必要前提条件。在用人机制方面，行政事业单位应当加强完善，同时确保相应的职务、晋升、奖惩机制等与之相适应，确保在员工心目中树立起一分耕耘一分收获的理念，进而不断提升自身的工作效能。

5. 实施全员参与考核

行政事业单位绩效考核主要针对下级展开，层层递进。对此，应当确保职工全员参与到绩效考核工作中，避免职工由于未能正确认识自身而导致其不认可绩效考核结果的情况出现。职工自我考核，也是不可或缺的一部分，其应当朝着绩效考核目标方向努力，对于自身欠缺之处加以完善，最大化工作效能，以期为事业单位工作效率的整体提升做出努力。另外还需要转换上级对下级的考核方式，采取匿名形式反向考核，拉动职工工作积极性，确保事业单位由上而下的全面改革创新发展。

在行政事业单位改革历程中，绩效考核是非常重要的一环，是遵循社会发展规律、带动我国社会进步的必要前提。基于此，为确保行政事业单位整体服务质量、管理水平的全面提升，应当大力落实绩效考核工作。对于绩效考核改革的必要性和意义，行政事业单位应当树立起正确的观念，借助绩效考核发现自身工作不足，针对性提出解决方案，在确保绩效考核工作不断完善的同时，为社会群众提供更优质的服务，提升公众满意度。

第二节　行政事业单位绩效考核管理创新之路

一、优化岗位布局设置

根据人事部《事业单位岗位设置管理试行办法》，事业单位要遵循按需设岗、竞聘上岗、按岗聘用、合同管理这些规则，精简岗位，实现事业单位内部各个岗位的优化完善。

(一) 推行聘用制，实施岗位管理

事业单位聘用制指的是事业单位和工作人员签订聘用合同，对彼此责任、义务、权利等进行明确的人事管理制度。通过聘用制，事业单位用人机制和工作人员的关系从之前的身份管理过渡为岗位管理，从行政任用关系过渡为平等沟通的聘用关系。事业单位如果选择聘用制，就要明确人员结构比例、编制数额等，将公平、竞争、公正、择优、政府依法管理和个人自主择业等作为基本标准。

事业单位岗位分为管理、专业技术、工勤技能等三类，且每类岗位又分为不同的等级。

1. 管理岗位

在管理岗位设计中，事业单位要结合内部情况进行管理岗位等级的设置，比如设置正、副部级，正、副厅级，正、副处级，正、副科级，科员。

2. 专业技术岗位

专业技术岗位指的是负责技术的工作岗位，这些岗位需要任职人员具备一定的技术能力。事业单位岗位设置中，要明确专业技术岗位的数量、岗位要求和结构比例。在本文看来，事业单位专业技术岗位设置方面，要设置3个等级14个等次。具体而言，包括高级、中级和初级，其中高级包括正高级和副高级，正高级对应1到7级岗位，副高级对应4到9级岗位；中级对应6到11级岗位；初级对应9到14级岗位，三个层级之间的岗位存在交叉部分。其中国家专门设置最高专业技术级岗位，且对这一岗位的数量进行监控，任职人员要以国家相关规定和流程为准，2级和3级岗位人员由省级单位决定。

3. 工勤技能岗位

事业单位运作中，技术工人是不可缺少的岗位之一，对技术工人的绩效考核也非常重要。其中一级技术工岗位等级和当下的事业单位工人技术等级相对应，具体而言，一级技术工岗位和高级技师、技师、初级工、中级工、高级工相对应；二级技术工岗位和普通工岗位相对应。高级技术工享受更好的福利待遇，在某些情况下还能够获得更多的特殊津贴。

事业单位专业技术人员数量并不在少数，但是所创造的社会效益并不显著。问题的成因有很多，比如体制的落后等，这需要改变传统的管理制度，调动每个专业技术人员工作创新性和主观能动性，推动其业绩的提升。事业单位执行聘用制的主要目的是能够形成和市场经济发展规律相符合的人力资源管理模式，与员工签订合同，实现员工的制度化管理，进一步推动整体绩效的大幅提升。

一是事业单位选择聘用制，预示着长时间事业单位人力资源能上不能下、能进不能出的局面得到彻底的改善。按照聘用合同，事业单位和员工之间是平等沟通的关系，彼此之间以自愿为前提签订聘用合同，以合同的方式明确彼此的权利义务。

二是计划经济时代下事业单位应需而生，事业单位内部人才配置方式和人才发展规律相矛盾，无法调动内部员工的工作热情，无法取得预期的工作绩效。聘用制最大的特点在于市场发挥决定作用。单位和个人都以市场配置为前提自愿选择，有利于人力资源的合理流动和科学配置，由此事业单位内部所有员工都可以能进能出，能上能下，实现人尽其职，解决员工工作懈怠问题。

事业单位人事制度改革中，要更新人才管理理念和管理制度，吸引人才入驻，减少人才流失，实现人尽其职，全方面调动人才的主观能动性和工作热情，简言之，事业单位人事制度改革最基本环节在于选人和用人。岗位管理属于事业单位用人的基础性工作，这项工作贯穿在人事管理的每个流程中，是公开招聘、岗位考核、竞聘上岗、岗位培训、收入分配等的基础部分。事业单位选择聘用制度，做好岗位管理工作，首先需要科学设计岗位内容，此乃事业单位够贯彻人员聘用制度的入手点。

(二) 不断优化岗位管理体系

岗位管理中，组织中的岗位是管理对象，需要事业单位合理的设置、分析、描述、监控、评估岗位，要在做好岗位分析的基础上进行岗位管理。

人力资源管理体系的建立健全过程中，整体上包括四方面工作，从先到后分别是岗位分析、撰写岗位说明书、设计绩效管理体系、设计薪酬管理体系。在分析事业单位人力资源管理能力方面，会参考岗位说明书和其应用情况。岗位说明书是建立在岗位分析基础上形成的基础性文件，也是制定绩效方案的参考文件。一般情况下要根据岗位说明书，对企业整体发展战略进行逐步分解，进一步确定员工绩效目标。岗位说明书为岗位评价提供了依据，进行岗位评价之后，明确的岗位工资等级为薪酬设计提供了依据。岗位绩效工资系数设计中，参考的基础依据为绩效考核结果，通过绩效考核，将岗位薪酬和岗位绩效工资相衔接。

分析和设置岗位，撰写岗位说明书是岗位管理的主要内容。岗位说明书为绩效管理提供了基本依据，两者之间的关系非常密切，具体而言，其关系包括如下四点。

第一，岗位说明书详细地阐述了岗位需要承担的责任、行使的权利，在直线经理与岗位任职人员之间形成了工作协议，是对岗位任职员工行为的限制和规范，也解决了出现问题相互推诿等问题，有利于提高工作人员办事效率。

第二，岗位说明书详细地界定了任职人员的资格和工作范围，提出了岗位任职人员要具备的能力、技术、经验等，为直线经理对岗位任职人员绩效考核计划的制定、绩效考核目标的改进等提供了依据。

第三，岗位说明书对岗位信息进行了详细阐述，也清晰界定了岗位任职人的具体条件，有利于直线经理对岗位任职人员绩效的客观评价。

第四，岗位任职人员绩效评估结果是证明岗位任职人员是否胜任工作岗位的最有力证据。

以岗位为基础的薪酬结构包括两大方面，分别是岗位固定工资和岗位浮动工资。在众多岗位中，一个岗位所处的层次决定了其固定工资，一般而言要按照岗位说明书对岗位价值进行详细的分析，同时区分岗位职级。岗位浮动工资的界定方面，同样以岗位价值为基础界定的职级作为依据。这预示着岗位管理和薪酬管理之间存在不可分割的关系。岗位工资折射出薪酬内部公平性。中国文化讲究"不患寡，而患不均"。在当前我国构建和谐社会的宏观政策影响下，判断岗位和薪酬公平性，要求管理者能准确地评价岗位价值，并据此制定合理的薪酬和浮动标准。

岗位管理体系的合理性，要求将业务流程再造和职能分析置于重要的位置，在此基础上进行流程优化，尤其是关注其中的关键点，以达到纵短横宽、扁平柔化管理的目的。这就要求相关的职能管理部门能跳脱传统管理方式，朝向导向型流程的角度转化，以达到精简管理过程、提高效率的目的。以"唯一性"的方式划分并梳理职能，进而给出管理职能横向、纵向调节的意见，可以达到消除其中存在的交叉性、重叠性的问题，推动管理职责全面提升，达到"上面有则下面无，上面无则下面有"的目的，体现管理职能的合理、完整和有效。即：合乎成本效益的原则，消除存在的重复、冗余问题；实现全流程和职能的覆盖，规避缺漏、死角问题的存在；满足发展要求，并合乎内、外环境；可有效满足各部门和不同层次的整合需求，维护组织架构能稳定于一定时期内，不会出现大的变化。

二、科学设计考核指标

(一) 要突出指标设计原则

1. 要与单位战略目标和组织结构相适应

一方面,只有对事业单位的战略方向和核心业务有了透彻的了解,才可以对绩效考核指标进行合理制定。要对考核指标进行层级化处理,按照组织层级进行部门分解,并作为部门考核重点。

另一方面,当事业单位所处的外部环境或自身内部环境产生了改变,就要及时地调整组织战略、结构以及战略目标,使之与事业单位的发展相符;与此同时,还要调整绩效考核指标和权重。所以对事业单位来说,即使战略目标已经制定,也要按照不同的阶段进行定期审验,这样做的目的是为了保证指标的适用性、有效性。

2. 可完整反映关键环节

为了确保建成一个科学合理的绩效指标体系,就必须保证对部门的绩效水平进行科学的反映,使其能够准确地指出存在的问题和瑕疵。假如绩效指标体系不能准确地反映与现实脱节的问题,那么这些问题被忽视后引发的后果是影响整个组织的发展。此外,如果指标没有完整性,也会造成员工放松对自己的要求,从而无法实现整体最优目标。如果员工采取投机取巧的方式,只是表面上提高局部指标,实际工作的整体水平却得不到提高,这会严重损害单位的利益。

3. 应限制在可控范围内

只有在受可控因素影响的情况下,绩效考核指标进行考核所得到的绩效结果才具备足够的科学性与可靠性。因此判断绩效考核是否具有有效性的依据,就是判断是否具有可控的范围。一般来说,能够影响工作绩效的因素有很多,它们往往会扭曲绩效考核的指标。假如不可控因素影响的作用越大,那么它的扭曲作用也就越大,这时不可控因素非常容易掩盖员工的成绩,因此,就很难区分外在与主观因素的影响,在这种情况下,绩效考核指标就没有足够的可靠性。综上所述,要尽量地控制那些不可控因素,确保绩效考核指标的公平性与可靠性,确保它能够真实地反映员工业绩,从而实现激励作用。

(二) 分层次、分类别设计考核指标

对事业单位来讲,考核标准的制定首先要参考岗位职责,对考核内容的设计要确保其全面性、有效性;其次,还要参考定性和定量考核原则,对定性与定量考核的边界进行明

确的划分，利用两者的优势，不可产生混淆，要保证在对员工工作进行考核的时候，不受数字化限制，也不受机械化的限制；再次，要保证可比性，也就是说，要确保不同的部门和岗位员工在绩效考核的时候保证考核结果具有可比性。要将平时考核和定期考核相结合，提高其可靠性。

1. 瞄准单位目标

事业单位的发展战略以及重点业务即单位整体发展目标，子目标是由单位目标分解所得到的，它们将具体落实到不同的部门和不同的岗位。因此，单位的整体目标将细化到每个岗位上，岗位也就具有了明确的考核指标。为了将个人目标以及部门目标联系到单位的整体战略目标之上，需要通过考核指标达成率来完成。

2. 依据岗位职责

部门职责也是考核指标的一个重要的来源。部门职责主要包括以下几个方面：设立部门的缘由、部门权利义务、部门工作范围等。

工作分析是总结工作职责的重要途径。不同的部门都有各自需要完成的工作。这些工作按照轻重缓急可以分为必须做的工作、应该做的工作、适宜做的工作，对前两种工作类型来说，涵盖了以上的工作内容，因此，在经过提炼和加工以后，就形成了绝大多数的考核指标。对职能部门而言，考核日常管理以及业务支持等目标是很难在管理目标中进行直接反应的，而是要具体体现在岗位职责中。比如说，在档案管理工作中，"档案文件资料管理必须符合规定"这样的指标若在岗位职责中进行体现就会是定性指标，同样的，对"文秘机要和会务管理必须准确到位"这样的指标也是一样的。

关于上述三种工作的划分以及设置绩效指标，要根据事业单位的类型、单位所处的阶段来定。比如说建立和完善业务流程以及管理制度并指导实施，这份工作对于一个处于发展起始阶段的单位来说为必须做的工作，不过当单位的发展取得了一定的成效，单位的管理制度与业务流程逐渐发展成熟，这项工作就变成了应该做的工作，或者是适宜做的工作。此外，假如领导特别重视某个工作，或者对单位来说，某个工作环节比较薄弱，那么这份工作就会由适宜做的工作转变为应该做的工作，比如跟踪同类单位绩效考核指标就属于这一类工作。另外，有的工作还有可能从应该做的工作转变成必须做的工作，比如定期召开形势分析会议。

3. 满足上级及客户需求与期望

如果上级领导临时委派工作，那么这样的工作属于临时紧急性任务，下级需要配合上级做一些突发工作。而有些工作可能要和其他部门充分交流，二者之间形成内部客户关系。此外，还有的工作需要做好接待，建立与政府、媒体和群众的公共关系，上述主体都是外部客户。在处理这些工作的时候，上级领导、单位、外部客户都会对工作有一定的要求，他们的期望成为考核指标的重要来源。

（三）明确并量化绩效考核指标

对绩效考核指标来讲，应该满足以下三个要求：首先，设置考核指标时，要充分地考虑到不同层次以及不同类型的测试对象的差异性；其次，针对上述不同的测试对象，设置不同权重的评价指标；再次，需要充分考虑定性与定量分析指标的可比性。此外，还要充分地考虑到不同机构不同的特点，以及他们的岗位职责不同，在"德""能""勤""绩""廉"等方面设置细化指标；对每一个指标的考核进行详细的解说，防止理解偏差。综上所述，事业单位要对绩效考核指标进行细化处理，将其分为个性指标以及共同指标，从而满足不同层次以及不同类型测试对象的需要，将定性与定量指标相结合建立指标体系，杜绝机械化。

在建立事业单位绩效考核指标体系的时候，要参考国内学术界优秀的经验以及理论，并且根据本单位的实际工作以及特点进行主体内容的构建。

1. 工作业绩

工作业绩就是对工作计划的执行落实结果情况，它是根据单位年度工作纲要和实施细则以及单位近期工作安排与实际进展情况来判断的。

2. 部门工作能力

部门工作能力主要指部门员工整体的工作技能情况，还包括负责人能力。

3. 服务质量

事业单位的根本宗旨就是提供服务，但是不同的事业单位提供的服务内容以及质量是不一样的。对研究型事业单位来说，它的服务质量指的是科研技术水平；但是对于管理型事业单位来说，指的是对其他部门提供的服务质量。

4. 群众满意度

为了测评事业单位对其他单位以及群众的服务工作落实情况，可用群众满意度来进行衡量。此外，群众满意度也是对单位内部不同部门进行工作考核的指标之一。

5. 工作时效和费效比

该项指标是为了衡量部门工作效率，也就是说考察部门能否在规定的时间内完成规定的任务，并且一并考察在工作落实的过程中花销以及收效之比。

6. 其他

有时候还需要引入合理的否定性指标以及奖励性指标，对那些严重影响单位建设的指标,可以适当地提高考核力度,比如重大安全事故可以设置否定性指标。此外,可以设置重大科研攻关指标以奖励部门或者是个人对单位做出的突出贡献,比如年终奖励指标就属于这一类指标。

以上所讲述的绩效考核指标体系属于一个普适性模式,如果单位需要根据自身发展与实际情况进行调整,可以对上述绩效考核指标体系进行完善。

（四）合理设置考核等级

合理设置考核等级的原则是：工作成果、组织效率。按照组织战略的要求,合理设置工作行为以及成果考核等级,即使这样的等级可能比较复杂,但是每一项都要足够明确。对绩效考核来说,它的原则只有以下两点：首先,是否遵循工作成果原则,也就是说能否提高工作成果；其次,能否提升组织效率。

如果能提高个人工作成果,一般来说,也是可以提高组织效率的。组织效率的定义比较宽泛,不仅包括公关能力、技术水平,也包括用户服务满意度。对个人工作成果的评价,必须建立在提高组织效率的基础之上,否则就不属于好的工作绩效。

1. 绩效考核标准

对员工的绩效进行评价,要设置合理的评价标准。这样的标准,不仅要实现评价目的,同时还要为员工所接受。因此在标准制定时应充分考虑到以下几点。

（1）公正性、客观性

制定评价标准时,务必保证合理性和科学性,从而使绩效考核结果具有公正性和客观性。

（2）具体性

评价标准一定要足够清晰,不能存在模糊概念或者是歧义现象,要足够具体和明确,方便操作,便于量化处理。

（3）可靠性和一致性

评价标准的制定要对所有同类员工都能使用,要对员工一视同仁,不可发生轻易改动,要让评价结果具备足够的可比性、可靠性。

（4）民主性和透明性

即标准的制定须将各方民众的建议充分考虑在内。

2. 绩效考核等级

（1）标准强度与频率

主要指评价等级的内容,各种规范行为或对象的程度或相对次数都包括在内,一般情况下评价均以此为主。

(2) 标号

指的是处于各种强度频率下的标记符号，一般标记为 A、B、C、D 等字母，或用甲、乙、丙、丁等汉字标记，有时还会使用到数字。但若将标号与所赋意义分离，那么标号也无法独立存在。

(3) 标度

即测量的单位标准，其既包括类别、顺序、等距、比例尺度等，也包括现代数学的模糊集合、尺度，无论是数量化的单位还是非数量化的标号都能拿来表示。总的来说，其是可定量与可定性的。作为评价等级的标准部门，其和评价的计量和计量体系紧密相关。

3. 绩效考核特征

就绩效考核而言，不同内容、标度与属性的等级之间并非独立存在的，各等级彼此依存、彼此补充且彼此牵制，从而构成一个有机整体，形成考核等级体系。通常来说，要想确保绩效评估标准的有效性，应当具备下述 8 个特征。

(1) 标准基于工作而非员工

工作自身是设置绩效评估标准与目标绩效评估标准的唯一依据，而无论是何人在从事这一工作，所以各项工作的绩效评估标准必须是唯一的，而不是根据某一员工专门设定的，其服务于工作，因而带有极大的挑战性。比如，就算不少老师属于同一教研室，负责同一课程的教学任务，他们在教学过程中所遵循的教学计划与大纲必须是统一的，然而针对每个老师，学校赋予其的目标可能有所差别，往往同该老师自身的教学经验、知识能力与教学质量密切相关。

(2) 标准的可达性

事业单位绩效评估的项目往往在部门或员工自身的可控范围之中，同时，只要部门或员工自身积极努力就能实现。

(3) 标准应为大家所熟知

无论是管理者还是员工，都必须准确把握绩效评估标准。一旦他们缺乏对这些标准的认知，那么自然也不知道劲儿往哪儿使，若管理层对这些标准意识模糊，那么员工的实际表现也自然无法得到公正衡量。

(4) 标准的制定应经多方协商

公平合理的标准必须是多方协商的结果，是事业单位领导和员工所达成的共识，如此一来才能充分展现其激励作用。在员工看来，这些标准是经过自身参与和统一的，也就提高了其恪守这些标准的意识，而且其清楚地明白，若自身无法达到标准，也应当会受到相应的惩处。

（5）标准要求详细、具体，具有可衡量性

管理界有名言云："凡是无法衡量的，就无法控制"。通过数据来反映绩效标准为最佳，通常遇到那些现象或态度相关的问题，由于比较抽象，自然不能实现客观衡量与对比。

（6）标准的时间限制

绩效评估资料的获取应当具有定期性与及时性，不然一些评估也就没有了时效性，实用性也自然大大降低。

（7）标准意义

绩效评估项目的设定必须与单位自身的战略目标相契合，一般例行工作应该是其所用资料的主要来源，而并非源自特别准备的工作。

（8）标准的灵活性

由于绩效评估标准必须具有可操作性，同时获得必需的审批才能纳入执行，然而纳入执行之后，一旦因工作要素有所变动，原来的指标体系与其发生矛盾，应当对之展开及时判断并进行适当调整，使之与实际情况相适应。

4. 绩效考核标准体系特征

完整性、协调性与比例性是绩效考核标准体系最为明显的三大特点。

（1）要求完整

即所包含指标之间具有补充性，能取长补短，从而构建起一个有机的统一体，将标准体系的配套性特征充分体现出来。

（2）要求具有良好协调性

即各类标准彼此衔接的合理程度，其直接影响到标准体系是否统一和谐。这一特征包括两大形式，也就是相关性的协调和延伸性的协调。

（3）合理的比例

即各类标准彼此呈现出一定的数量比例关系，其直接影响到标准体系是否统一以及配比程度。

三、规范绩效考核方法

（一）规范考核程序

事业单位绩效考核要从整体上展开，立足于多个层面展开。最为多见的考核方式包括雇员比较法与目标管理法。雇员比较法的考核思路在于经由和其它雇员的绩效展开对比来确定某一雇员的绩效。这一方法无需花费太多财力、物力与人力成本，且具有较高的实用性。目标管理法的考核思路在于确定某一员工的具体工作目标，注重实现可投入时间与精力的最大化，进而融入到重要组织目标的达成之中。在很多情况下，事业单位要结合现实情况确定绩效考核标准，保证考核结果的客观性，尽量减少主观意识的影响。

绩效考核中，需要确定考核对象、考核目标、考核指标等。绩效考核指标通常包括特征性、行为性、结果性三种：第一种在于衡量员工属于何种人，主要考核其沟通能力、可行度、领导能力等自身特质；第二种对员工工作方式和工作行为进行考核；第三种对员工工作质量和工作内容展开考核。

所以，绩效考核方法的具体选择与设定必须考虑管理成本、工作实用性、工作适用性三大因素，要求立足以下四项原则：成果的产出可衡量、以结果导向作为考核方法、以行为导向作为考核方法、具有观察下属考核的充裕时间。若同时遇到以上两种状况，根据具体情况能进行选择的原则；当以上状况均不存在，能够引用品质特征作为导向考核方法，包含：图解式量表评价法，综合性合成法、考核中心法等原则。绩效管理考核程序包括：

1. 准备阶段

以绩效管理系统顺畅运行为基础，其过程包括以下程序：（1）绩效管理参与确定；（2）考核方法的确定；（3）绩效考核要素和体系确定；（4）绩效管理运行程序要求的确定。

2. 实施阶段

信息的采集和资料的整合必须遵循以下标准：（1）所收集的材料最大限度地通过文字来证实全部行为；（2）对事件何时何地发生、何人参与做出清晰记录；（3）所采集的材料在描述员工的行为时尽可能对行为的过程、行为的环境和行为的结果作出说明；（4）汇集并整理原始记录并做好原始记录的保密工作。

3. 绩效考核阶段

作为绩效管理的核心所在，这一阶段与总体绩效管理系统运行与效果的优劣直接相关，而且与员工的切身利益密切相关。要想做好该阶段的工作，必须遵循以下原则：（1）增强绩效考核的精准性；（2）确保绩效考核公平公正，必须构建建立员工绩效评审系统和员工申诉系统作为重要支撑；（3）通过科学的面谈方式告知员工考核结果；（4）考核表格二次检验；（5）考核方法二次审核（由工作流程、适用性、真实服务效果三层面判断其与事业单位职责要求的契合度）。

4. 总结阶段

（1）对事业单位绩效管理系统进行全方位诊断

由绩效诊断和分析角度探索问题，同时在第一时间通知主管领导与相关员工，如此一来能推动单位自身整体系统的顺畅运行，能促进员工增强自身素质与工作质量。关于这一点，各单位主管在这个过程中责无旁贷。

(2) 单位主管的应履行职责

为体现建设性、支持性、指导性，每月或每季度均会举行相关的绩效管理总结会，不过并不包括人事晋升、薪资调整、绩效得分等问题。而在年度绩效管理总结会中，将反馈全年绩效考核结果，以此作为晋升、调薪等依据反馈至员工，这样能充分展现绩效考核的激励作用，实现考核目标。

(3) 总结阶段工作

待考核任务完成后，由考核人员拟定相应的分析报告；据绩效诊断了解单位存在问题，取得相关的分析报告；在此基础上，制定下一期的培训、开发规划和奖惩、激励方案。同时对各方建议进行归总、整合，通过多次论证，适当调整单位绩效管理体系，达到改进管理机制、优化绩效指标和考核表格的目的。

5. 应用开发阶段

在这一阶段中主要是将考核结果应用到员工培训、岗位调动和薪酬调整等方面，另外事业单位还需要开发绩效管理系统。绩效管理系统的开发过程中，要考虑到绩效评审系统和员工申诉系统，让员工能够对绩效考核结果进行反馈。

(1) 绩效评审系统功能

对相关部门领导者组织员工展开绩效考核工作的效率与效果进行考核；就绩效考核所面临的重点问题展开专项探究，由此来寻找解决策略；复审复查员工考核结果工作不可或缺，事关考核结果是否公平公正；一旦发现争议颇多的考核结果，必须展开深入调查，规避由此引发的各种矛盾。

(2) 事业单位员工申诉系统功能

员工有权对绩效考核结果表示质疑；严格约束考核人员的行为，确保其严谨工作，使其在进行考核时给予信息与证据的搜集更多关注；最大限度地避免冲突，将不良影响压缩至最小。

6. 事业单位常用考核方法

(1) 简单排序法

该法又称序列法或序列评定法，即根据特定标准，采取顺序的排序方式对相关考核对象进行排序。其优越之处在于易于操作，且可信度较高，能够百分百地避开趋中倾向或宽严误差问题，但不足之处在于考核人数有限，以十五人最佳，同时考核对象必须属于同类职务，适用范围不广，一旦考核对象不属于同一部门，便无法采取这一方法。

操作流程：其一，明确考核项目的数量与内容，以所考核对象的具体职务情况为拟定依据。其二，评定小组针对各项内容来评定考核对象，同时对之进行排序。其三，求出各个考核对象的所得项目序数之和，也就是排序总分，序数之和越小，说明其成绩越好。最后，以序数总分为据来划分等级，比如总分≤15的为优，≥16且≤30的为良，≥31且≤45的为中，≥46且≤60的为及格，≥61的为差。

（2）强制分配法

该方法是依据事先指定的比例，把考核对象划分到各绩效类别之上。统计学正态分布是其基础原理所在，其最为明显的特征在于处在中间的人数较多，而分布在两侧的最高分与最低分较少。

当考核对象人数较多时，更适合选择这一方法，且易于操作。因为服从正态分布，能够很好地避免因主观因素所造成的误差。另外，该方法更易于管理控制，特别是配以员工淘汰机制，其产生的强制激励和鞭策功能特别显著。

（3）要素评定法

该方法也被视为功能测评法或测评量表法，即融合了定性和定量的两种考核方式。其优越之处在于考核者应当依照事先规定的各项考核指标来展开考核，优点在于考核层面较全，弊端在于量化要求较高，不易于操作，且指标设计的优劣与考核方向与质量直接相关。

其操作流程为：首先明确考核项目；其次根据优劣性对指标进行等级划分；接着对考核者展开相关培训；然后展开考核打分；最后就所形成的材料进行剖析、调整与总结。

（4）工作记录法

通常情况下，对生产工人操作性工作进行考核更适用于这一方法。

（二）考核方式的创新

1. 保证程序的公正性

要想进行科学的绩效考核，必须要根据事业单位实际情况选择科学可行的考核方法，设计合理的考核流程，及时反馈考核结果。事业单位的绩效考核要比政府和企业的绩效考核难度高，在考核标准量化和标准化的时候有一定的难度，因此在很多情况下事业单位设计的考核流程并不公平，导致考核结果的科学性大打折扣。事业单位要将考核体系的建立健全作为一项长期工作展开，逐步完善绩效考核制度。当前事业单位的绩效考核还处在初级阶段，缺乏经验和实际案例，在信息化管理方面也不够完善，相关程序缺少、系统性有待规范。同时传统的思想也影响了考核程式的运行，要大力促进绩效考核的发展，使之成为单位整体项目实现的重要推手。

程序公平要通过以下四个方面得以实现：首先要对程序公平的重要性有足够的认识，尤其是领导干部要更加重视，这对于程序公平至关重要；再就是要让员工认识到绩效考核意义所在，获得员工的理解和认同；其三是考核体系的构建要具有可操作性，要科学、规范；最后要将绩效考核完善化，使用软件和程序将其程序固定化，从而使考核标准化。

2. 落实标准与指标的公正

标准与指标的公正性对于绩效考核有着极严的要求，要将单位实现的目标正确地转化成为具有可执行性的有效体系性指标与标准，并且直接拆解到单位分级的各个部门和岗位中去。从中得出的考核数据，进行认真地分析和研判后，要使用信息化技术手段，对各个部门进行公平公正的评价。事业单位绩效考核有效性的基本条件为标准公平。

目前部分事业单位根据内部发展情况制定了工作报告和年度工作方案，根据单位的整体发展战略对工作目标进行分解，落实在每个部门和每个员工身上，然后按照每个部门和岗位的特征设计出针对性的考核流程和标准。以此程序对相关个人和部门进行考核，从而形成考核的标准。这项工作非一日之功，是需要日积月累的，其重要性不言而喻，且需要定期完成对季度或者月度的指标跟踪，而且要根据周边大环境的变换对指标进行适时调整。并且为了体现不同岗位的工作特点和责任，要建立分层分类的岗位考核指标体系数据库，同时还需要对负责绩效考核的中层负责人展开专门的考核，让这些人员了解考核目标、考核方式、考核标准和考核原则等，通过科学的考核方式进行考核，以化解单位给与的压力，使之传达到各个所属部门中去，并且依据各部门员工在工作中的表现，公平公正对每位员工进行评价并得出结果。伴随着现代科学技术飞速发展，利用信息化等手段，以软件与程序化的手段，可建立一整套客观的数据采集和分析体系，客观、公平、全面地对比分析业务部门提供的绩效考核信息，从而得出正确结果。

3. 将创新方法积极运用到绩效考核中去

（1）人格特质考核方法

这类方法指的是员工身上有着对单位在实现目标时特殊人格的考核方式，比如创新意识、团队精神、思想品德以及上进心等。比如有些员工在这类特殊人格特质中有某项考核分数优秀，就会获得高分。人格特质类考核模式中，最普遍的方法莫过于图尺度评价法。

（2）行为类考核方法

行为类考核方法其重点是关注员工行为和工作表现，其考核结果就是通过单位对员工行为所能达到的行为进行对比，最终形成的对比结果便是考核结果。行为类考核方法中，具体又分成行为观察评价法、关键事件法等。

(3) 结果类考核方法

结果类考核方法有着自身的特殊性,这种考核方法中,会将实际结果和预定的目标展开对比,是"绩效为结果"的经典观念,是一种很好的模式。其表现了另外一种绩效考核的方式,也就是在规定的时间里,特殊工作岗位上形成的所有工作绩效,与关键和必要工作岗位上形成的所有工作绩效相等。

经过如上分析发现,这三种考核方法中,所有的考核都围绕事业单位的整体目标,考核内容都包括员工的工作行为、工作态度、工作方式和工作结果等,给出考核成绩之后,都将考核结果反馈给员工以指导员工不断提升工作业绩。另外事业单位还可以根据考核结果,对不同的员工进行差异化的培训,针对性地提升员工工作技能。

四、重视考核结果应用

(一) 对激励和约束制度进行完善

1. 采取多样的激励模式

薪酬激励是激励机制中最常见的内容。如果想让薪酬激励收到好的效果,一定要拉开激励的档次,实行能者多得、多劳多得的分配原则。所以本人觉得要想让薪酬激励机制起到良好的效果,可以学习新加坡工资制度,将工资分成浮动薪酬和固定薪酬,大部分员工固定薪酬相接近,但是浮动薪酬存在一定差距,该部分薪酬由员工在工作中的表现而定,如果在工作中表现突出则可以获得更多地薪酬作为奖励。薪酬中不同的名称不仅仅是代表着不同的组成部分,更是对员工起着不同的激励作用。比如有的体现在保障与公平方面,有的是为了保证对人才有一定的吸引力,还有的起着约束和长期激励作用,这各个分类最终组成了薪酬的总和。在赫兹伯格的观点中,"如果你想员工能够尽心尽力地完成工作,首先要给他们提供一个良好的工作空间。"结果表明,若仅仅依靠钱,是解决不了所有问题的,只是依靠薪酬激励是不够的,要将员工内心的动力充分挖掘出来,调动起每一个员工的工作积极性。要想激发员工内心的工作欲望,首要的是要有份好工作;之后员工在工作中要受到管理层的敬重,对工作要有发言权。员工自我激励能力基于成就感、驾驭工作的能力感与归属感这些感觉会让员工获得更多自主,这些员工更希望在工作中展示自己,获得来自上司和同事的赞许,在工作中感受到价值。这些员工的自我激励意识相对显著。

物质会导致员工的业绩和激励度下降。员工的有效激励中,一方面要剔除单位中阻碍员工自我激励的负面因素;另一方面要充分发挥员工的自我激励作用;之后还要在单位中不断开发激励因素,促使员工可以保持自我激励。

2. 对于知识型员工的激励措施

知识型员工更多动力来自于工作本身。个体成长、工作自主、业务成就和金钱财富是知识型员工激励的四大因素，其比重分别是34%、31%、28%和7%。知识型员工有着自身的特点，比如更加看重自身的长远发展，希望通过工作实现自身价值，尤其是喜欢具有挑战性的任务。基于此，对其的激励不能仅仅是薪酬，而应该以良好的成长环境和事业为重点。在实行激励机制时，事业单位要将单位、部门和个人的激励统一在一起，对于知识型员工的激励，要将长短期激励结合在一起。激励制度设计方面，需要对所有因素进行系统的对比分析，将传统的事后奖励模式转变为事前、事中、事后等多形式的奖励模式。

知识型员工一般都会对自我管理式团队有一定的兴趣。这种模式是通过授权，让员工能够根据自己的需求、能力和爱好等选择部门和领导者，通过自由组合的方式确定工作内容和工作流程以及工作标准等。此类组织结构充分发挥了人在其中的主导作用，以满足自我需求为重点。

对于知识型员工来说，其本身的内在价值远超出薪金对其的吸引力，所以多元化的分配机制尤为重要。机遇对于激励知识型员工具有诱惑性，比如个人成长机遇、参与决策的机会等等都对知识型员工有着吸引力。

3. 充分发挥团队精神作用

团队建设中，必须要设计出一套完善的薪酬激励制度，通过这项制度赋予团队发展动力，凝聚团队的向心力。团队的成功与否取决于团队之间能否建立合作伙伴关系，主要包括人力资源战略管理人员、部门领导以及团队本身。团队建设如不能建立起有效的伙伴关系，往往会成为团队失败的原因。

一般每个优秀的团队都具备以下七个特质：管理的流程和系统；领导艺术；工作流程和业务系统；价值观念和文化；个人和团队的能力；团队和工作设计；奖励与表彰。在实施过程中，很难一步到位的全部实现七个步骤，通常都是从某个要素开始，逐渐扩展到各个方面。

在构建团队薪酬架构时，事业单位要从实际出发，对各方面成因进行分析，将员工业绩与浮动性薪酬标准统一在一起。

团队绩效管理在员工辅导、评估、个人规划以及奖励等方面开辟了新的途径。由于在管理、人力资源规划等方面团队成员可以直接参与到其中，所以在参与的过程中，团队成员对团队努力工作对单位发展目标实现的关系有了更加深切的体会。这种方式，赋予了领导一种全新的工作模式，可以实现高效决策。跨职能合作和团队协作能促使团队的业绩不断进步。最后要结合事业单位发展概况进行分析，促使团队成员认识到做什么以及怎么做，这就在团队环境中自觉地培养了个人规划。

对员工进行考核之后，还需要及时进行反馈，还应该选择合适的地点和时间，将考核结果反馈给员工，与员工进行有效沟通，让员工明白工作中不科学之处，且绩效反馈也是进行员工激励的重要环节。反馈的主要作用是以良好的业绩来提高员工的自信心，使员工在工作中更好地对自己有清晰的认识，根据自身的不足，有所侧重的参加培训，提升自己，逐步形成更科学的工作模式，取得更好的工作业绩。

（二）以绩效考核为基础使之成为绩效工资改革的突破点

绩效工资的执行对于事业单位的收入制度改革而言非常关键，通过绩效工资，有利于推动社会事业的繁荣，实现公益服务质量的提升，还可以大幅度提高员工工作中的积极性。实施绩效工资对津贴和补贴的规范以及形成合理的绩效工资体制、健全与完善分配激励制度体系非常关键。

计件工资制是绩效工资制度的萌芽，特点是将员工的工资收入和个人的绩效相结合。员工的绩效是通过劳动对单位做出的贡献，相比简单由产品数量和质量的构成更加综合全面。

以员工被聘用的工作岗位为标准是绩效工资的特点，其是以责任大小、岗位所含技术含量与环境情况等确定标准等级，根据劳动力成本与企业经济效益等确定工资水平，根据员工工作业绩确定最终的工资额度的工资制度。绩效工资由基本工资、工资工龄和岗位工资以及奖励工资构成，根据不同的事业单位还会适当增加比如津贴、福利工资等，以便更好地提高激励机制。

三种劳动论是马克思提出的，按此理论，绩效工资属于按照员工的最终工作业绩明确员工薪酬的工资制度，由工作效率与工作成绩来确定绩效工资。但是在实际执行过程中，由于很难对绩效指标进行量化，所以除了佣金制与计件制之外，大部分是以员工的绩效水平另外增发奖励。

传统的绩效工资制度下，员工的工资在得到上司的认可后，每年会在规定的时间里提升其工资水平。采取绩效工资对提高工作效率有着积极的作用，但是更大地发挥其作用，对工作绩效进行有效的评估是必要的。

绩效工资模式下，需要对员工的工作业绩展开有效考核，将考核结果和工资关联在一起，是按员工的业绩获得报酬。通过绩效工资，事业单位可以对员工进行调节，以这种经济方式来对员工进行管理，刺激员工更积极的做利于单位利益的行为，调节绩优者与绩劣者的收入比例，带动员工以高涨的热情投入到工作中，推动单位发展战略的执行。

业绩考核是绩效工资改革与实施的基础，要注意四个方面的问题。一是切实落实通过绩效工资和津贴补贴相结合的方法，下定决心规范单位收入分配与财务管理，严格分配纪律；二是逐步构建有效的绩效考核制度，持续提高公益服务水平导向，以此为基础，在严格纪律的基础上盘活单位内的分配秩序；三是在单位内，因地制宜，实行分类分级管理，并且加强部门职能责任；四是不断强化与完善单位绩效政策，合理协调好在职员工与离退休人员的分配统筹，使之关系和谐稳定。

在绩效工资的实际执行中，部门和层级不同，责任也不尽相同。第一，考核标准与考核指标是由各部门负责领导制定的，分别对下属人员进行考核，对绩效工资和绩效考核系数进行确定，对工作绩效执行出现的问题进行改进；第二，人事部门确定整体考核模式，组织和监督各个部门进行考核。客观公正、反馈改进、考核结果与绩效工资相关联，构成了绩效考核的三方面原则。客观公正即在考核过程中，以定量考核为主，辅之于定性考核，减少或者杜绝考核人员的主观判断，考核流程和标准公开，保证考核过程与结果的客观真实性；考核结果与绩效工资相挂钩即根据考核成绩确定员工绩效工资额度；反馈改进指的是要将考核结果及时告知员工，帮助员工调整不科学的工作模式，解决工作中的问题，在以后的工作中避免再次发生相同的错误，实现员工业绩和单位整体业绩的持续性提升，从而使单位达到预期目标，在每次考核结束后，相关主管要对考核中发现的问题进行优化。

主要岗位职能、关键绩效指标、专项目标任务是绩效工资所参考的主要内容。事业单位要按照考核对象量化程度和岗位工作内容等，设计分类考核权重，针对可以有效量化的岗位，关键指标是明确绩效工资的主要因素；如果是无法量化的岗位，岗位职责和专项目标是确定绩效工资的主要考虑因素。最后，月度工作计划报告中，每个月都要对扣分项目进行考核。在设计专业项目指标任务和关键业绩指标的时候，必须要遵循分层分解这一基本原则。

参考文献

[1] 魏瑞华,翟纯红. 行政事业单位会计实务 [M]. 北京:中央民族大学出版社,2017.07.

[2] 刘淑琴,刘彩丽. 行政事业单位会计实务 [M]. 大连:东北财经大学出版社,2017.03.

[3] 郑俊敏. 政府与非营利组织会计第2版 [M]. 上海:立信会计出版社,2017.08.

[4] 王银梅. 预算会计 [M]. 大连:东北财经大学出版社,2017.06.

[5] 黄海燕. 预算会计 [M]. 上海:立信会计出版社,2017.04.

[6] 曾尚梅. 政府与非营利组织会计第3版 [M]. 上海:复旦大学出版社,2017.08.

[7] 吕兆海,周斌斌,黄玲蓉. 预算会计 [M]. 大连:东北财经大学出版社,2017.03.

[8] 李荣梅,关辉,张红. 政府会计 [M]. 大连:东北财经大学出版社,2017.02.

[9] 赵建勇. 预算会计第6版 [M]. 上海:上海财经大学出版社,2017.04.

[10] 孙维,于弘,秦佳梅. 政府与非营利组织会计 [M]. 上海:上海交通大学出版社,2017.03.

[11] 张雪芬,倪丹悦. 行政事业单位会计 [M]. 苏州:苏州大学出版社,2018.01.

[12] 王威然,黄芝花. 行政事业单位会计 [M]. 北京:北京理工大学出版社,2018.07.

[13] 胡霞,姚欢. 政府与非营利组织会计 [M]. 武汉:武汉大学出版社,2018.01.

[14] 毛淑珍. 政府与非营利组织会计 [M]. 大连:东北财经大学出版社,2018.01.

[15] 王小红. 政府及事业单位会计 [M]. 西安:西北大学出版社,2018.11.

[16] 杨武岐,田亚明,付晨璐. 事业单位内部控制 [M]. 北京:中国经济出版社,2018.10.

[17] 赵建勇. 会计 [M]. 上海:上海财经大学出版社,2018.07.

[18] 贺蕊莉. 政府与非营利组织会计第6版 [M]. 大连:东北财经大学出版社,2018.11.

[19] 李海波，刘学华. 新编政府会计 [M]. 上海：立信会计出版社，2018.06.

[20] 邢俊英. 政府会计 [M]. 大连：东北财经大学出版社，2018.03.

[21] 骆雪娇. 行政事业单位绩效考核管理工作研究 [M]. 北京：经济日报出版社，2019.05.

[22] 徐哲，李贺，李婧. 政府与非营利组织会计 [M]. 上海：上海财经大学出版社，2019.12.

[23] 聂庆芝. 预算会计 [M]. 重庆：重庆大学出版社，2019.01.

[24] 张雪芬，倪丹悦. 政府会计 [M]. 苏州：苏州大学出版社，2019.12.

[25] 崔运政，孙志霞，国长青. 政府会计 [M]. 上海：立信会计出版社，2019.01.

[26] 黄炜. 国有资产管理 [M]. 上海：上海财经大学出版社，2019.02.

[27] 司惠菊，周欣，任振和. 政府会计制度信息系统实务应用 [M]. 北京：科学技术文献出版社，2019.01.

[28] 刘学华，边秀端，张霞. 政府会计 [M]. 上海：立信会计出版社，2020.06.

[29] 田高良，曹文莉. 政府会计实务 [M]. 大连：东北财经大学出版社，2020.01.